CUISINER POUR SE SOIGNER

Éditions Kiwi
16, rue de Lancry, 75010 Paris

Direction : Édouard Frison-Roche
Direction éditoriale : Katia Kaloun
Édition : Lucie Bernamont et Axelle Quéré
Création graphique, mise en pages et couverture : Charlotte Thomas

Photographies : © Stéphanie Iguna
Illustrations : © Ksenia Zvezdina/iStock.com

ISBN : 978-2-37883-167-7

Estel Barrellon
(Pharmacienne naturopathe)

Audrey Ligot-Ange
(Naturopathe spécialisée en phytonutrition)

CUISINER POUR SE SOIGNER

SOMMEIL • RHUME

DOULEURS • FATIGUE

KiWi

SOMMAIRE

LES DOULEURS 91

LA FATIGUE 131

INTRODUCTION

Le constat de départ

Au comptoir de ma pharmacie de quartier, au cœur de la Croix-Rousse à Lyon, je me suis aperçue que les gens pensaient bien s'alimenter, mais que la qualité des nutriments n'était pas toujours au rendez-vous. Cependant, l'alimentation est bien une préoccupation centrale pour tous : manger est fondamental pour être en forme.

> « *Coquina medicinae famulatrix est, la cuisine est la servante de la médecine.* »
>
> Térence, poète latin (190-159 av. J.-C.)

Pour la petite histoire

Convaincue des vertus du « bien-manger », je me suis lancé un défi : concocter des semaines de recettes simples pour accompagner les patients dans leurs problématiques. Forte de ma formation de pharmacienne enrichie d'un diplôme de naturopathie, je me suis lancée, la tête la première, j'ai épluché toutes les tendances culinaires : *raw food, golden latte, buddha bowls*[1] et compagnie, pour vous en extraire l'essentiel.

Dès le début du projet, Stéphanie, photographe et styliste culinaire, a accepté de mettre en lumière les recettes et d'aiguiller professionnellement ma démarche d'amatrice.

Sur ma route, j'ai rencontré Audrey, qui a tout de suite embarqué dans l'aventure avec enthousiasme. Sa double formation en naturopathie et en marketing-communication a permis de concrétiser rapidement le projet. Le cœur de l'équipe était monté.

Solène, graphiste, nous a rejointes pour matérialiser et mettre en page nos idées lors de la première version de ce livre.

Une cuisine simple et facile pour tous les jours

En raison de nos parcours personnels, jalonnés d'accidents de santé (cancer, maladies auto-immunes…) et de nos modes de vie, bien ancrés dans la réalité quotidienne, nous nous sentions légitimes pour vous proposer une alimentation santé de tous les jours, sans prise de tête.

Nous avons testé ces semaines de recettes, avec des plats à emporter pour les nomades (train, travail, pique-nique), ces encas ludiques pour les enfants, des repas à partager en famille et à faire découvrir aux amis. Les menus se sont parfaitement adaptés à nos vies trépidantes (jeune mère de famille ou cheffe d'entreprise, voire les deux !), le crash test est réussi !

Faites entrer les chefs !

Vivant aux pays des gones et dans la capitale de la gastronomie, nous avons collaboré avec des restaurateurs de notre

1. Alimentation crue, lait d'or au curcuma et « le bol du Bouddha », rappelant le ventre rond du Bouddha, plat végétarien qui intègre de nombreux ingrédients aux multiples textures et constitue un menu sain, complet et équilibré.

quartier pour inventer des recettes répondant à notre cahier des charges. Ils se sont tous spontanément prêtés au jeu et ont redoublé de créativité, tout en respectant notre charte d'aliments et de cuissons recommandés.

Nous pouvons, grâce à eux, vous proposer des plats dignes d'un restaurant, à préparer chez vous le week-end. Elles ajoutent la touche gastronomique et glamour à nos recettes naturopathiques du reste de la semaine.

Le concept clés en main

Nous vous proposons un programme autour de 4 thèmes : sommeil, rhume, douleur, fatigue, car il s'agit des 4 principaux soucis dont nous parlent les clients en pharmacie. Nous commençons, pour chaque thème, par expliquer comment aborder cette semaine et pourquoi choisir certains aliments plutôt que d'autres.

Du petit déjeuner au dîner, en passant par les encas et boissons à privilégier, vous aurez toutes les cartes en main pour atténuer vos symptômes et retrouver votre équilibre. Il n'y a plus qu'à vous laisser guider...

À vos marques, prêts, cuisinez !

Astuces, informations pratiques, conseils naturo, vous allez prendre conscience des grands principes de l'alimentation saine tout en préparant des recettes simples et ludiques.

Nous croyons en l'apprentissage par la pratique et, plutôt, que de vous perdre dans des articles ou sites *healthy*[2], nous vous proposons de mettre la main à la pâte et de découvrir par vous-même que bien manger est facile et gourmand.

Il est temps de vous engager pour votre bien-être et devenir acteur de votre santé ! Notre plus belle récompense serait de voir ces recettes devenir des classiques de votre quotidien.

2. Sain, en rapport avec la santé.

POURQUOI PRENDRE SOIN DE SON ALIMENTATION ?

Le corps humain, une machine extraordinaire !

Le corps fonctionne avec ses messagers internes, ses systèmes de régulation et de défense et ses organes d'élimination. On distingue 3 grands systèmes de régulation et de défense.

Le système endocrinien : il est régi par nos **hormones**. Les hormones les plus connues sont le cortisol, l'insuline et la mélatonine, qui gèrent et régulent notamment le stress, le taux de sucre sanguin, l'alternance veille-sommeil…

Le système immunitaire : c'est le système de défense contre les agressions : virus, bactéries, parasites, mais aussi allergies, intolérances… Ses principaux soldats sont nos cellules immunitaires, qui communiquent entre elles *via* les cytokines, messagers de l'inflammation. Ce système nous protège des attaques de l'extérieur et, parfois, de l'intérieur. Au niveau digestif, c'est la fameuse **tolérance alimentaire**.

Le système nerveux : il est régi par nos neurotransmetteurs, comme la dopamine ou la sérotonine. C'est la tour de contrôle du corps, qui est à l'origine de nos actions, qu'elles soient conscientes et volontaires ou automatiques et innées.

Notre organisme fonctionne schématiquement comme un immense filtre : il retient ce dont il a besoin et rejette l'inutile. C'est là qu'interviennent les émonctoires.

Les émonctoires

Notre alimentation, une fois digérée et assimilée, produit des déchets, ce que le corps ne garde pas. Les principaux organes d'élimination de ces déchets ou toxines sont appelés émonctoires. Il s'agit :

- des reins, *via* les urines ;
- des intestins, *via* les selles ;
- des poumons, *via* la respiration ;
- de la peau, *via* la transpiration (entre autres).

Si ce que nous mangeons est trop chargé en déchets (acides forts, pesticides, perturbateurs…), les émonctoires se fatiguent et s'encrassent. C'est le lit des principales maladies de notre siècle : obésité, diabète, cancers. .

Le Graal de notre organisme : l'homéostasie

Tous ces systèmes et organes n'ont qu'un seul objectif : assurer l'homéostasie, c'est-à-dire l'équilibre dynamique global de l'organisme. Selon Claude Bernard, médecin du XIXe siècle, a introduit la notion d'homéostasie en sciences. Il parle dans ses travaux de la capacité que peut avoir un système quelconque à conserver son équilibre de fonctionnement en dépit des contraintes qui lui sont extérieures.

Le corps humain est résilient, il est capable de s'adapter, de se régénérer et de se guérir. Il peut aussi trouver un nouvel équilibre dans le déséquilibre, s'il est perturbé au long cours. Si les causes déclenchant le déséquilibre, comme une mauvaise alimentation, sont supprimées, il peut heureusement rétablir son homéostasie et ainsi revenir à son niveau de départ.

Sur les traces d'Hippocrate

L'homéostasie est un principe vital, soumis à des lois connues, pour certaines, depuis l'Antiquité : on parlait à l'époque d'humeurs (fluides corporels tels qu'hormones et neurotransmetteurs), de vitalisme (force vitale) ou d'hygiénisme (hygiène globale : activité physique, alimentation...).

Depuis la nuit des temps, le rôle capital de notre alimentation dans notre santé est connu et reconnu. Hippocrate, né en 460 av. J.-C., père de la médecine, est réputé pour avoir déclaré :

> « *Que l'alimentation soit ta première médecine !* »

Nous avons le pouvoir d'influencer notre équilibre global, il nous suffit d'apporter à notre corps ce dont il a besoin et de limiter ou d'éviter ce qui peut lui nuire.

Qu'y a-t-il dans notre assiette ?

Ce que nous mangeons est le carburant de cette fabuleuse machine. Les nutriments présents dans nos aliments possèdent chacun un rôle précis. Nous pouvons influer sur notre santé en choisissant avec soin ce que nous mettons dans notre assiette.

Les principaux nutriments sont :

- **l'eau** : l'élixir de vie. C'est la seule boisson indispensable à notre fonctionnement. Elle assure le transport des nutriments, la thermorégulation et les réactions chimiques internes, entre autres ;
- **les protéines** : ce sont des chaînes d'acides aminés, dont certains ne peuvent pas être synthétisés et sont uniquement apportés par l'alimentation. Les protéines constituent notre enveloppe (os, muscles, cheveux, etc.), mais aussi nos messagers chimiques : hormones, enzymes, anticorps, etc. ;
- **les lipides** : ce sont les graisses, les chapelets d'acides gras, les nutriments les plus énergétiques. Ils constituent la structure de nos membranes cellulaires, véhiculent les vitamines liposolubles ou les protéines dans le sang et participent à l'élaboration de certaines de nos hormones. On distingue les acides gras saturés et les acides gras insaturés : ces derniers sont les précieux et fragiles oméga (dont les oméga-3) ;
- **les glucides** : ce sont les sucres et, contrairement aux lipides et protéines, ils ne sont pas essentiels, notre corps sachant les fabriquer à partir des lipides et des protéines ; seul notre cerveau a des besoins réels en glucose ;
- **les oligoéléments** : ce sont des minéraux, nécessaires en petites quantités mais forcément apportés par l'alimentation ; les plus connus sont le magnésium, le fer ou encore le soufre ; ils participent à la plupart des réactions chimiques internes ;

- **les vitamines** : ce sont des composés organiques, compléments indispensables aux échanges vitaux ; elles doivent être apportées régulièrement et en quantité suffisante par l'alimentation et sont sensibles à l'air et à la température.

Quels sont les défauts de notre alimentation moderne ?

L'alimentation de nos pays occidentaux est trop **acidifiante** : trop de viande, trop de produits laitiers et trop de sucres ! Nos habitudes alimentaires sont pleines de défauts, notamment :

- pas assez de fruits et légumes de saison ;
- trop d'aliments transformés par l'industrie agroalimentaire ;
- des carences en oméga-3 et en magnésium trop fréquentes dans la population générale ;
- pas assez de variété dans les menus (alors que la nature nous offre un panel infini de ressources !) ;
- des repas trop vite expédiés et avalés tout rond : les dents sont dans la bouche, pas dans l'estomac, et la mastication joue un rôle clé dans la digestion et l'assimilation des nutriments ;
- une vigilance insuffisante lors des achats : mauvaise lecture des étiquettes, tentation des aliments exotiques, trop gras, trop sucrés, etc. ;
- la pauvreté des fruits et légumes actuels en vitamines et oligoéléments par rapport à ceux d'antan, à cause de l'agriculture intensive ;
- la cuisson trop forte qui dévitalise nos aliments ;
- une mauvaise assimilation des nutriments, car nos intestins sont perturbés par le stress, les pesticides, etc. !

Vers une alimentation saine et responsable

- Prenons le temps de manger en conscience, des aliments qualitatifs en nutriments !
- Réfléchissons à notre alimentation, à ce que nous proposons à notre corps et à celui de nos enfants !
- Réhabilitons les fruits et légumes crus !
- Choisissons les bons modes de cuisson.
- Faisons les marchés et privilégions les circuits courts issus d'une agriculture raisonnée.
- Respectons les saisons.
- Préférons les aliments bruts, non transformés. Par exemple, à une compote en sachet plastique industrielle, préférons la pomme du verger d'à côté.
- Ayons conscience que choisir avec soin nos aliments a un fort impact sur notre santé.
- Prenons soin de rétablir l'homéostasie de notre organisme, en lui donnant les bons carburants et en chouchoutant nos émonctoires.
- Éduquons notre goût en redécouvrant des saveurs oubliées et méconnues.
- Apprenons à cuisiner sainement !

CUISSON ET PRÉPARATION DES ALIMENTS

La température à laquelle nous cuisinons et les modes de préparation jouent un rôle prépondérant dans la qualité de ce que nous mangeons et des nutriments que nous assimilons.

Beaucoup d'idées reçues circulent : la cocotte-minute, c'est une cuisson saine ; le barbecue, c'est sympa et convivial ; un wok de légumes, c'est le plein de vitamines ; le *batch cooking* (préparation à l'avance de tous les plats pour la semaine), c'est pratique... Cependant, attention, la température ou l'air ambiant ont une action sur les molécules des aliments : la cuisson forte ou l'oxydation à l'air les agitent et peuvent les métamorphoser en complexes qui ne sont pas reconnus par le corps, voire même en composés dangereux.

Les corps de Maillard

Même si c'est le meilleur en goût, les sucres et protéines, dès qu'ils sont caramélisés (aliments dorés ou croustillants) produisent des corps de Maillard, ou *advanced glycation end-products* (AGE). Cette réaction à la chaleur dénature les protéines et sucres ingérés et produit des substances néfastes pour la santé. Ces AGE consommés en trop grande quantité sont suspectés de participer aux maladies métaboliques : problèmes cardio-vasculaires, diabètes, mauvaise cicatrisation et cancers.

Perte en vitamines et oligoéléments

Certains nutriments sont très sensibles à la chaleur et disparaissent lorsqu'ils sont cuits à trop haute température :

- dès 60 °C, la vitamine C disparaît ;
- à partir de 90 °C, les vitamines du groupe B (B1, B2, B12) disparaissent ;
- à partir de 110 °C, les vitamines liposolubles A, D, E et K sont détruites.

Dénaturation des corps gras

Les acides gras saturés (beurre, crème) supportent la cuisson grâce à leur structure qui leur donne une forme solide. Les industriels les utilisent beaucoup et les transforment en acides gras trans, très robustes, mais qui n'existent pas dans la nature. Ces graisses-là, non naturelles, sont délétères pour la santé : elles sont suspectées de participer fortement à l'apparition de maladies cardio-vasculaires.

Les acides gras insaturés, dont les précieux oméga-3 (huile de colza, lin, cameline), quant à eux, sont très sensibles à la température car car leur structure chimique est fragile. Il vaut donc mieux ne pas cuire ces huiles bienfaisantes, et il est recommandé de les conserver au frigo une fois entamées. Nous avons quasiment tous des carences de ces oméga-3, qui ont pourtant un rôle capital dans notre santé, car ils entrent dans la composition de nos membranes cellulaires et assurent de bons échanges entre les cellules.

Les autres acides gras insaturés de type oméga-6 ou 9 (tournesol, olive, pépin de raisin) ne supportent qu'une cuisson modérée : il ne faut jamais les laisser fumer dans la poêle.

Perte en nutriments liée au stockage, au voyage et à la préparation des aliments

Privilégiez les circuits courts pour vos achats de fruits et légumes. En effet, le stockage et le voyage les dévitalisent. Vive le local ! Et bien évidemment, on respecte les saisons pour avoir des fruits et légumes à maturité naturelle ! Enfin, on privilégie l'agriculture bio ou raisonnée pour éviter au maximum les pesticides. Certains nutriments s'oxydent à l'air et se dénaturent. Pensez par exemple à la pomme ou à l'avocat, qui brunissent à l'air libre. On coupe donc ses légumes au dernier moment !

Les fruits et légumes changent aussi d'index glycémique s'ils sont écrasés en purée ou en compotes. L'index glycémique, c'est le classement des aliments en fonction de l'élévation de glycémie qu'ils produisent. Il est plus élevé pour une compote de pommes que pour la pomme crue entière, par exemple, car, en écrasant ou mixant les aliments, on réduit leur teneur en fibres, qui limitent justement le pic glycémique. De préférence, on choisit donc les fruits entiers plutôt que les compotes.

Cuissons conseillées

- **La cuisson vapeur** : c'est la meilleure, car la température des aliments ne dépasse pas 90 °C. Dans l'idéal, elle se fait dans un cuit-vapeur en verre ou inox 18, des matériaux reconnus pour leur innocuité.
- **La cuisson à l'étouffée** : c'est une cuisson lente, qui ne dépasse pas 95 °C, et se fait sans matière grasse, avec un couvercle.
- **Le four basse température ou le four vapeur.**

Cuissons déconseillées en usage quotidien

- La cocotte-minute.
- Le micro-ondes (agitation moléculaire intense qui dévitalise les aliments).
- La friture.
- Le barbecue.

En pratique

- Choisissez vos fruits et légumes en privilégiant une agriculture locale respectueuse des saisons et raisonnée dans l'usage des pesticides. Préparez-les et découpez-les au dernier moment !
- Vous l'aurez compris, la cuisson douce est la plus respectueuse des nutriments.
- Les aliments crus, notamment les fruits et les légumes, doivent être consommés en quantité suffisante pour assurer les apports en vitamines, sensibles à la hausse de température.

LE SOMMEIL

Le sommeil, temps suspendu de récupération du corps et de l'esprit : nous serions prêts à tout pour le retrouver et ne plus le perdre. Des insomnies à répétition, un endormissement compliqué, des réveils nocturnes avec allers-retours incessants entre le salon et la chambre, les cernes et les poches sous les yeux le matin, l'impression de ne pas avoir vraiment dormi depuis des lustres...

Savez-vous que l'alimentation peut participer à un sommeil de qualité ? Certains aliments sont propices à un endormissement serein et à des nuits plus calmes.

Vous êtes prêt ? À vos paniers et vos fourneaux !

Objectifs

Augmenter les apports en oméga-3 et bonnes graisses

Les acides gras oméga-3 sont les composants principaux des membranes de nos cellules. Ces dernières communiquent entre elles, *via* les neurotransmetteurs, à travers ces membranes. Avec un apport suffisant en oméga-3, les cellules communiquent mieux, les neurotransmetteurs peuvent jouer leur rôle de régulation du stress et de l'endormissement. Les neurones du cerveau, notamment, sont avides de ces bonnes graisses. Une carence en oméga-3 participe à la dégradation de la qualité du sommeil.

En pratique

- Pensez aux petits poissons gras (sardines, maquereaux, harengs, anchois) dans l'assiette.
- Focus sur les bonnes huiles - colza, noisette, noix, cameline, lin... à consommer crues, bien sûr.
- Ruez-vous sur les graines de chia, de lin, et les noix de Grenoble !

Augmenter les apports de magnésium

Le magnésium est un minéral essentiel dans la régulation de notre horloge biologique et pour une bonne décontraction musculaire. Quand nous sommes stressés parce que nous dormons mal, les réserves de magnésium s'épuisent. Les carences en magnésium sont fréquentes (60 à 70 % de la population), car nos corps n'en produisent pas et les apports alimentaires sont souvent insuffisants.

En pratique

- Gardez la banane ! Elle est très intéressante, car riche en magnésium.
- Chocolat noir à 70 % de cacao autorisé, voire recommandé. Je répète : chocolat noir autorisé !

Apporter le matériel pour fabriquer les neurotransmetteurs, messagers chimiques de nos cellules

- **Le tryptophane** : c'est un acide aminé précurseur de la sérotonine, neurotransmetteur aussi appelé « hormone de la sérénité ».
- **La sérotonine**, qui donne ensuite la mélatonine, appelée communément « hormone du sommeil ».
- Sans **mélatonine**, point d'endormissement ! C'est elle qui envoie le message à l'organisme : « Il est temps de dormir. »
- **La tyrosine** : c'est un acide aminé précurseur de la dopamine.
- **La dopamine** : hormone du démarrage du moteur, *starter* du matin.

En quantité suffisante, ces neurotransmetteurs assurent une bonne alternance entre les phases d'éveil et de sommeil.

En pratique

- Prenez un petit déjeuner protéiné : l'apport des bons acides aminés (contenus dans les protéines) va stimuler la production de dopamine et maintenir une bonne vigilance dans la journée.
- Gardez la banane ! Très intéressante car riche en tryptophane, elle est à consommer vers 17 heures.
- Tryptophane *lovers* : amandes, arachides, soja, riz complet et volaille.
- Jamais sans votre tyrosine : avocats, œufs, amandes, noix et noix de cajou.

Manger léger le soir, en privilégiant les féculents et au moins 2 heures avant le coucher

La digestion augmente la température corporelle ; or, l'endormissement se fait avec une baisse de cette température. Les féculents ou glucides complexes ne fatiguent pas le système digestif, car ils lui évitent un pic d'insuline grâce à leur index glycémique bas.

Il est important de laisser le temps au corps de digérer pendant deux heures avant le coucher, cela permet un endormissement plus serein.

Incorporer les eaux florales calmantes dans les recettes

Les eaux florales de verveine, rose, fleur d'oranger et lavande ont des vertus sédatives.

LES CONSEILS NATURO

- Pas d'activité physique intense le soir après 18 heures.
- Pas d'écran une heure avant le coucher.
- Dormir dans une pièce idéalement à 19 °C et dans la pénombre.
- Faire 5 minutes de cohérence cardiaque (exercices de respiration qui calent le rythme respiratoire sur les battements du cœur) avant le coucher.
- Respecter les premiers signes de sommeil : bâillements, fatigue oculaire. Dès leur apparition, on file au lit !

Ma feuille de route

Je fais le plein

Je privilégie les circuits courts, les aliments de saison et issus d'une agriculture bio ou raisonnée. J'essaie de toujours avoir dans mes placards :

- 1 régime de bananes ;
- des poissons gras : sardines, maquereaux, anchois, harengs… ;
- les bonnes huiles première pression à froid et bio : noix, colza, cameline, chanvre (oméga-3) ;
- des graines et oléagineux : graines de chia, de lin, de chanvre, noix de Grenoble, noix du Brésil, etc. ;
- des légumes verts et des légumineuses ;
- des œufs ;
- des féculents : semi-complets, riz, quinoa ;
- du chocolat noir.

Je vide mes placards

Je finis rapidement ce qu'il me reste et j'évite au maximum :

- le café et le thé : je les remplace par de la tisane, du thé sans théine (rooibos, maté…), de la chicorée, du café d'orge, du café d'épeautre ;
- les sodas et les boissons excitantes, les jus de fruits trop sucrés ;
- les fritures, les plats trop gras, notamment le soir, et la viande rouge.

Je retiens

- La cuisson douce est à privilégier.
- J'augmente les bonnes graisses : focus sur les oméga-3.
- Je mange léger le soir, et au moins deux heures avant le coucher.
- J'évite les activités sportives après 18 heures.
- Je respecte les premiers signes de sommeil.
- J'évite les écrans au moins une heure avant le coucher.
- Je baisse la température de la chambre.

Mon menu de la semaine

	MIDI	SOIR
LUNDI	Tarte rustique de Maëlle	Une miso et au dodo !
MARDI	Coco câline	Un, deux, truite, dormez !
MERCREDI	Buddha night	Couchette en tartelette
JEUDI	Dîne et dors	Écume des nuits
VENDREDI	Poulet récup'	Coquillages et doux rêves
SAMEDI	Salade de Morphée	Plus d'insomnies mon chou
DIMANCHE	Pavé de saumon de Nicolas	Roquette dream

Maëlle
Traboule Kitchen

TARTE RUSTIQUE

Douce et réconfortante

35 min 4

INGRÉDIENTS

La pâte à tarte

- 100 g de beurre mou
- 100 g de farine blanche
- 100 g de farine complète
- 15 cl de lait d'avoine tiède

L'appareil à tarte

- 1 pincée de sel
- 1 pincée de poivre
- 1 butternut
- 2 oignons rouges moyens
- 2 c. à s. d'huile d'olive
- 2 blancs de poulet
- 1 cube de bouillon de légumes
- 2 poignées de pousses d'épinard frais
- 1 poignée de cerneaux de noix
- 2 c. à s. de miel
- 25 cl de lait d'avoine
- 2 œufs
- ½ bûche de chèvre

RECETTE

La pâte à tarte

1. Dans le bol du batteur ou dans un saladier, mélanger la farine, le beurre et le lait (à ajouter petit à petit si vous utilisez un batteur), puis pétrir jusqu'à ce que la pâte se décolle du bol et forme une boule.
2. Étaler la pâte sur une feuille de papier sulfurisé pour former un cercle de la taille de votre moule à bords hauts.
3. Ajouter un cercle de papier sulfurisé sur la pâte avant de la mettre au four, pour qu'elle reste bien en place, et la cuire au four à 170 °C jusqu'à ce que la pâte soit dorée.

L'appareil à tarte

4. Couper la courge butternut en dés et les oignons en 8 quartiers. Placer le tout sur une plaque tapissée de papier sulfurisé, enfourner à 170 °C avec un filet d'huile d'olive pour les faire rôtir une quinzaine de minutes.
5. Cuire les blancs de poulet dans un bouillon de légumes pendant 10 minutes, les émincer une fois qu'ils sont refroidis.
6. Préparer l'appareil à tarte, en mélangeant le reste de lait d'avoine, les œufs et une demi-bûche de chèvre au mixeur.
7. Mélanger le poulet émincé et les pousses d'épinards préalablement lavées et séchées, les mettre dans le fond de tarte, verser l'appareil à tarte et disposer des tronçons de bûches de chèvre sur la tarte.
8. Placer la tarte au four à 170 °C pendant 20 minutes environ.
9. Quand la tarte est cuite, ajouter les dés de butternut et les oignons rôtis, les cerneaux de noix, et la remettre au four 5 minutes. À la sortie du four, arroser d'un filet de miel.

Déguster avec une salade de jeunes pousses.
Bon appétit !

Bon à savoir

Triplé gagnant pour cette tarte rustique, avec le fromage de chèvre riche en tryptophane, et les épinards et la courge butternut riches en magnésium. L'ensemble des légumes apporte des fibres douces, favorisant la digestion.

Les volailles de la filière « Bleu Blanc Cœur » sont nourries aux oméga-3, assurant une viande gorgée de ces bons acides gras, c'est donc recommandé !

UNE MISO ET AU DODO !

Soupe légère et envoûtante

30 min — 2

INGRÉDIENTS

- 3 c. à s. de pâte miso (soja fermenté)
- 1 pavé de saumon de 125 g
- 1 c. à c. de tamari
- 1 c. à c. de gingembre frais râpé
- 2 oignons nouveaux
- 5 champignons de Paris
- 1 carotte
- 1 pak-choï (petit chou chinois) ou 1 poireau
- 1 c. à s. de graines de sésame complet

RECETTE

1. Badigeonner le pavé de saumon de tamari.
2. Dans une casserole, porter à frémissement un demi-litre d'eau et y plonger le pavé de saumon pour le pocher 10 minutes. Réserver le bouillon de pochage.
3. Une fois refroidie, détailler la chair du saumon en dés.
4. Reprendre la casserole de bouillon de pochage, y ajouter le miso et le gingembre et remuer. Ajouter un demi-litre d'eau claire et porter à frémissement.
5. Couper les légumes : ciseler les oignons nouveaux, couper les champignons de Paris en 4, ciseler la carotte et le chou chinois en julienne.
6. Ajouter les légumes dans le bouillon de pochage, baisser le feu et laisser mijoter 5 minutes.
7. Verser le bouillon dans des bols, ajouter les morceaux de saumon et parsemer de graines de sésame.

À accompagner d'un bol de riz ou d'un toast de pain complet.

Bon à savoir

Choisissez de préférence une pâte miso non pasteurisée et bio pour bénéficier de ses atouts santé. Le miso apporte des vitamines du groupe B, des antioxydants, des bactéries bénéfiques pour la flore intestinale (grâce à la fermentation) et, surtout, de la méthionine et du tryptophane, acides aminés indispensables à la synthèse de la mélatonine.

COCO CÂLINE

Risotto coco-épices

45 min | 2

INGRÉDIENTS

Le bouillon

- 200 ml de lait de coco
- 1 carotte
- 1 poireau
- ½ oignon
- ½ c. à c. de curcuma en poudre
- ½ c. à c. de curry en poudre
- ½ c. à c. de cumin en poudre
- ¼ c. à c. de muscade fraîche râpée

Le risotto

- 1 verre de riz Arborio
- 1 courgette
- 2 c. à s. d'huile d'olive

RECETTE

Le bouillon

1. Émincer le poireau, la carotte et l'oignon.
2. Porter 1 litre d'eau à ébullition et y cuire le poireau, la carotte et l'oignon pendant 20 minutes.
3. Verser les légumes dans le bol du mixeur et ajouter le lait de coco et les épices. Mixer, saler et poivrer. Réserver le bouillon obtenu.

Le risotto

4. Détailler les courgettes en spaghettis
5. Dans une casserole, faire revenir le riz et les courgettes quelques minutes dans un fond d'huile d'olive.
6. Ajouter ¼ du bouillon préparé. Attendre que le riz ait absorbé le liquide pour ajouter encore ¼ du bouillon, et ainsi de suite jusqu'à épuisement du bouillon. Le riz gonfle et cuit en une vingtaine de minutes. S'il manque du bouillon, finir la cuisson avec de l'eau.
7. Ajouter un filet d'huile d'olive au dernier moment et bien mélanger. Ajuster l'assaisonnement si besoin.

Bon à savoir

La noix de muscade contient des substances sédatives comme la myristicine ou l'élémicine, connues depuis longtemps pour favoriser l'endormissement. La préférer fraîchement râpée, car la poudre séchée perd de ses vertus. Ne pas l'utiliser en excès chez les femmes enceintes et les enfants.

UN, DEUX, TRUITE, DORMEZ !

Roulés de truite fumée

20 min 2

INGRÉDIENTS

Pour 6 rouleaux

- 2 tranches de truite fumée
- 1 poignée de pousses de soja
- 2 pincées de cacahuètes décortiquées non salées
- 12 feuilles de menthe
- 50 g de vermicelles de riz
- jus d'un demi-citron

Accompagnement

- 1 bouquet de mâche
- 2 c. à s. d'huile d'olive
- jus d'un demi-citron

MATÉRIEL

- 6 cure-dents ou pics à brochette en bois

RECETTE

1. Cuire les vermicelles de riz, laisser refroidir et réserver.
2. Concasser les cacahuètes et effeuiller le bouquet de menthe. Réserver le tout.
3. Rincer les pousses de soja.
4. Couper les tranches de truite en lamelle de 5 cm et les arroser de jus de citron.
5. Sur chaque lamelle, disposer un peu de pousses de soja, un peu de vermicelles de riz, une pincée de cacahuètes et 2 feuilles de menthe. Rouler et fermer avec un pic en bois.

Servir avec une salade de mâche et un filet d'huile d'olive et de jus de citron.

Bon à savoir

La truite fumée, plus abordable que le saumon, est tout aussi riche en précieux oméga-3, indispensables à un bon fonctionnement cérébral. Elle contient également du magnésium, oligoélément star du sommeil !

BUDDHA NIGHT

Buddha bowl

20 min | 2

INGRÉDIENTS

Le Buddha bowl

- ½ brocoli
- jus d'½ citron
- 200 g de mélange de céréales : millet, sarrasin, quinoa, etc.
- 1 betterave
- 1 concombre
- 1 mangue
- quelques feuilles de roquette
- 20 fèves ou edamame cuits

La vinaigrette

- 1 c. à s. d'huile d'olive
- 1 c. à s. d'huile de colza
- le jus d'un citron
- 1 petite poignée de graines de courge
- 1 petite poignée de graines de sésame complet
- 1 bouquet de persil
- 1 tasse de raisins secs
- sel, poivre

RECETTE

Le Buddha bowl

1. Détailler le concombre en rondelles. Citronner, saler et poivrer.
2. Râper le brocoli et la betterave crus à la mandoline. Citronner, saler et poivrer.
3. Faire cuire le mélange de céréales dans un grand volume d'eau salée.
4. Couper la mangue en dés.
5. Laver et sécher les feuilles de roquette.
6. Assembler les *bowls* : sur une couche de céréales cuites, répartir les légumes par couleur.

La vinaigrette

7. Préparer la vinaigrette en émulsionnant les huiles avec le jus de citron, ajouter les graines de courge et de sésame, les raisins secs et le persil haché.
8. Répartir sur le bol.

Bon à savoir

La mangue, les graines de courge et le brocoli sont des sources naturelles de tryptophane, acide aminé précurseur de la sérotonine. Les céréales apportent du magnésium.

COUCHETTE EN TARTELETTE

Tartelettes quinoa, chèvre et épinard

40 min 6

INGRÉDIENTS

- 170 g de quinoa
- 1 œuf
- 300 g d'épinards frais ou surgelés
- 1 bûche de chèvre frais
- 1 petite poignée de pignons de pin
- 1 petite poignée de graines de courge
- 1 pincée de fleur de sel
- 1 salade de mesclun
- sel, poivre

MATÉRIEL

- 6 moules à cupcakes en silicone

RECETTE

Le fond

1. Faire cuire le quinoa dans un grand volume d'eau. Bien égoutter et saler avec de la fleur de sel.
2. Mélanger le quinoa salé à l'œuf et malaxer.
3. Avec cette pâte quinoa-œuf, chemiser des moules à cupcakes en silicone (l'astuce p. 20 est valable ici aussi !).
4. Passer au four 10 minutes à 130 °C, jusqu'à ce que la pâte se décolle des bords des moules.

La garniture

5. Faire cuire les épinards à la vapeur. Assaisonner.
6. Remplir les fonds de tarte avec les épinards.
7. Répartir le chèvre frais sur les tartelettes et décorer avec des pignons de pin et des graines de courge.
8. Repasser au four 5 minutes. Démouler quand les tartelettes sont froides. Saler et poivrer au dernier moment.

Servir avec une salade de mesclun. Vous pouvez congeler les tartelettes refroidies, pour un repas pratique et rapide une autre fois !

Bon à savoir

Il n'y a pas de gluten ni de matière grasse dans cette pâte au quinoa, ce qui la rend plus digeste. Les épinards sont riches en magnésium, en acide folique, en calcium et en chlorophylle, des nutriments qui favorisent la relaxation musculaire.

DÎNE & DORS

Cabillaud en croûte de pistache

1 h 2

INGRÉDIENTS

- 2 morceaux de dos de cabillaud
- 50 g de pistaches
- 1,5 c. à s. de chapelure
- 7 feuilles de basilic
- 20 g de margarine
- 120 g de riz basmati complet (environ un bon verre)
- ½ oignon doux
- 1 petite gousse d'ail
- 20 g de raisins secs
- 20 g d'amandes
- 10 cl de crème d'amande
- 1 c. à s. d'huile d'olive
- ½ c. à c. de cannelle en poudre
- 1 c. à c. de curry en poudre
- 1 c. à c. de gingembre en poudre
- sel, poivre

RECETTE

1. Rincer le riz jusqu'à ce que l'eau soit claire (environ 3 fois).
2. Hacher l'oignon.
3. Dans une sauteuse chaude, faire rissoler l'oignon avec les amandes dans un peu d'huile pendant 3 minutes. Ajouter le riz et remuer à feu doux pendant environ 2 minutes.
4. Ajouter 2 fois le volume du riz d'eau bouillante, les raisins, la moitié du curry et du gingembre et la cannelle. Saler et poivrer. Couvrir et laisser cuire 20 à 30 minutes à feu doux.
5. Préchauffer le four à 200 °C.
6. Mixer grossièrement les pistaches avec la chapelure, la margarine et le basilic. Saler et poivrer.
7. Déposer le poisson sur une plaque recouverte de papier cuisson. L'enrober avec la préparation de pistaches et enfourner pour 15 à 20 minutes, selon l'épaisseur du poisson.
8. Écraser l'ail et le laisser 2 minutes à l'air libre.
9. Dans une casserole, verser la crème d'amande et la faire réduire légèrement avec l'ail et le reste de curry et de gingembre sur feu doux.

Servir le poisson avec le riz nappé de crème d'amande.

Bon à savoir

Pour la chapelure, vous pouvez utiliser du pain complet sec écrasé grossièrement, ou des flocons de riz pour une recette sans gluten.

Bon à savoir

Les oléagineux sont vos atouts pour un sommeil serein. Riches en bonnes huiles, oméga-6 et 9, et sources de magnésium, ces graines sont excellentes pour le moral et lutter contre la tension nerveuse. Pour augmenter leurs bienfaits, leur valeur nutritionnelle et leur assimilation, l'idéal est de les tremper dans de l'eau quelques heures, voire une nuit, avant de les consommer.

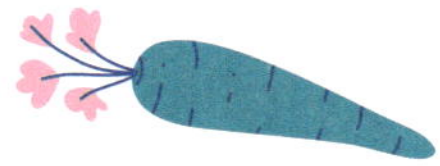

ÉCUME DES NUITS

D'à peu près Boris Vian

20 min 1 bocal

INGRÉDIENTS

Pour le granola

- 100 g de flocons d'avoine
- 120 g de noix grossièrement hachées, selon vos envies : pistaches, noix, noix de cajou, noisettes...
- 30 g de graines de sésame
- 1 c. à s. de graines de fenouil
- ½ c. à c. de paprika
- 1 blanc d'œuf
- 60 ml d'huile d'olive
- 1 c. à c. de sirop d'agave
- ½ c. à c. de fleur de sel

La soupe

- 1 petite patate douce ou une demie
- 3 carottes
- ¼ butternut de petite taille
- sel de Guérande
- poivre

RECETTE

Le granola

1. Préchauffer le four à 180 °C.
2. Dans un grand saladier, mélanger tous les ingrédients du granola.
3. Étaler le tout sur une plaque recouverte de papier sulfurisé en formant une couche plane et enfourner pour 20 minutes, en remuant deux fois durant la cuisson.
4. Une fois le granola refroidi, bien l'émietter et le stocker dans un bocal hermétique. Il se conserve à température ambiante pendant 3 semaines maximum.

La soupe

5. Détailler les légumes en cubes. Les faire cuire à la vapeur en surveillant la cuisson : elle est terminée quand une lame de couteau rentre facilement dans la chair.
6. Mixer les cubes de légumes cuits avec 1 litre d'eau chaude et ½ c. à c. de sel de Guérande. Poivrer. Ajouter de l'eau si la consistance n'est pas assez liquide.

Servir la soupe saupoudrée d'une poignée de granola.

Bon à savoir

Féculent doux, la patate douce accompagne vos nuits plus sereines avec ses glucides complexes faciles à digérer. Riche en magnésium, elle contribue à un sommeil de qualité. Associée à la carotte et à la courge butternut, c'est le plein de bêta-carotènes en bonus !

POULET RÉCUP'

Poulet coco-épinard-cajou

35 min — 2

INGRÉDIENTS

La marinade

- ½ oignon
- 1 gousse d'ail
- 1 c. à s. de tamari
- 1 c. à s. d'huile de sésame toasté
- 1 c. à c. de miel
- 1 c. à c. de curry en poudre
- 1 c. à c. de curcuma en poudre
- sel, poivre

Le poulet et la garniture

- 400 g d'épinards frais
- 4 pommes de terre
- 1 poignée de noix de cajou
- 2 filets de poulet
- 200 ml de lait de coco

RECETTE

La marinade

1. Écraser l'ail et couper l'oignon en dés.
2. Les mélanger à l'huile, au tamari et au miel. Ajouter les épices.
3. Plonger les filets de poulet découpés en petits cubes dans la marinade pendant au moins 20 minutes, en mélangeant bien pour que le poulet soit entièrement recouvert.

Cuisson

4. Faire cuire à la vapeur les épinards frais et les pommes de terre.
5. Dans une poêle, faire revenir les cubes de poulet marinés. Une fois dorés, ajouter le lait de coco, les noix de cajou et laisser mijoter à feu doux pendant 7 minutes.
6. Ajouter les épinards et les pommes de terre pour quelques minutes.

Bon à savoir

La noix de cajou, les épinards et le poulet sont le combo gagnant du tryptophane, qui assure la synthèse de la sérotonine. La sérotonine se transforme ensuite en mélatonine, hormone du sommeil.

COQUILLAGES ET DOUX RÊVES

Soupe de coques

12 heures la veille + 20 min — 2

INGRÉDIENTS

- 75 g de vermicelles de riz
- 700 g de coques fraîches
- 50 cl de bouillon de légumes bio
- 1 petit oignon
- 1 petit morceau de gingembre râpé
- 1 c. à s. d'huile d'olive
- 15 cl de lait de coco
- 1 branche de citronnelle finement hachée
- 1 petit bouquet de coriandre fraîche
- 1 citron vert
- 1 poignée de cacahuètes
- sel, poivre

RECETTE

Préparation

1. La veille, faire dégorger les coques dans l'eau salée pendant 10 à 12 heures.
2. Le jour même, égoutter les coques et les plonger 5 minutes dans de l'eau bouillante, puis les décortiquer.
3. Faire cuire les vermicelles 1 ou 2 minutes dans une casserole d'eau bouillante. Les égoutter et les passer sous un peu d'eau froide. Réserver.
4. Faire chauffer le bouillon de légumes dans une casserole.
5. Émincer l'oignon et râper le gingembre. Dans une autre casserole, les faire revenir dans un peu d'huile d'olive, jusqu'à ce qu'ils commencent à dorer légèrement. Déglacer avec le bouillon de légumes. Ajouter le lait de coco, les morceaux de citronnelle, saler, poivrer. Laisser mijoter environ 5 minutes.

Dressage

6. une portion de vermicelles dans chaque bol,
puis un peu de soupe et les coques décortiquées.
Parsemer de coriandre fraîche, de cacahuètes
et presser le jus d'un demi-citron vert dans chaque bol.

Bon à savoir

Les coques et les fruits de mer en général sont riches en fer, en magnésium et en zinc, cofacteurs de la transformation du tryptophane en sérotonine. Quant à la cacahuète, elle fait partie des aliments les plus riches en mélatonine, hormone du sommeil.

SALADE DE MORPHÉE

Salade de fèves, d'asperges et de riz complet

35 min 2

INGRÉDIENTS

La salade

- 1 botte d'asperges vertes
- 2 poignées de fèves décortiquées fraîches
- 1 oignon nouveau
- ½ verre de riz complet
- 8 feuilles de menthe
- 10 noisettes
- jus de citron

La vinaigrette

- 1 c. à c. de moutarde à l'ancienne
- 1 c. à s. d'huile de colza
- 1 c. à s. d'huile de noisette
- 1 c. à s. de vinaigre de cidre non pasteurisé
- sel, poivre

RECETTE

La salade

1. Rincer le riz. Compter un verre d'eau salée pour un demi-verre de riz. Porter l'eau à ébullition et laisser cuire le riz 25 minutes en surveillant. Égoutter.
2. Faire cuire les asperges et les fèves entre 7 et 9 minutes à la vapeur. Les arroser d'un peu de jus de citron.
3. Au dernier moment, ciseler l'oignon nouveau et la menthe. Concasser les noisettes.

La vinaigrette et le dressage

4. Dans un récipient à part, mélanger les huiles, la moutarde et le vinaigre de cidre. Assaisonner.
5. Disposer le riz au fond du bol, ajouter les asperges et les fèves, l'oignon nouveau et la menthe, puis les noisettes. Assaisonner avec la vinaigrette.

Bon à savoir

La moutarde, les asperges et la menthe font partie des aliments naturellement riches en mélatonine. Un vrai cocktail pour bien dormir !

PLUS D'INSOMNIES MON CHOU

Wok de lentilles-chou-cajou

1 h — 2

INGRÉDIENTS

- 1 chou chinois
- 1 carotte
- 2 c. à s. de purée de cajou
- 1,5 poignée de noix de cajou concassées
- 3-4 c. à s. de sauce tamari (soja)
- 1 gousse d'ail
- 2 cm de gingembre frais
- quelques baies du poivre de votre choix
- 100 g de lentilles vertes
- 1 c. à c. de graines de cumin ou fenouil
- huile d'olive

RECETTE

1. Rincer les lentilles à l'eau froide et les verser dans une casserole avec 3 fois leur volume d'eau froide non salée et quelques graines de cumin ou de fenouil (cela rend les lentilles plus digestes). Porter à ébullition et laisser cuire à couvert et à feu doux 35 à 40 minutes ; il faut qu'elles restent légèrement fermes (voir l'emballage pour le temps de cuisson). Égoutter, puis passer sous l'eau froide.
2. Pendant ce temps, émincer finement l'ail et le gingembre, détailler la carotte en fines allumettes ou en lamelles. Dans un wok chaud avec de l'huile d'olive, faire revenir l'ail et le gingembre à feu moyen, puis la carotte.
3. Découper le chou chinois en lanières, les ajouter dans le wok. Verser la sauce tamari et la purée de cajou. Remuer régulièrement pendant 10 minutes à feu doux.
4. Torréfier les baies de poivre dans une poêle à sec, les écraser au pilon et les ajouter au mélange. Verser les lentilles égouttées, cuire à nouveau 5 à 10 minutes.
5. Ajouter les noix de cajou concassées juste avant de servir, pour qu'elles ne ramollissent pas.

Bon à savoir

Les lentilles, riches en magnésium, sont également une source de glucides complexes avec un index glycémique bas. Elles constituent une excellente alternative aux féculents classiques.

Nicolas
Mr Edgar

PAVÉ DE SAUMON

Pot-au-feu de saumon et de poulpe

3 h la veille + 2 h   2

INGRÉDIENTS

Le saumon

- 2 pavés de saumon de 125 g
- 30 g de graines de chia

Le bouillon

- 0,5 l d'eau
- 15 g d'algues kombu
- 20 g de bonite séchée katsuobushi
- 7 g de mirin
- 13 g de tamari
- 15 g de foin (facultatif)
- sel, poivre

Le poulpe

- 250 g de tentacules de poulpe géant
- ½ oignon
- 1 petite carotte nouvelle
- ½ poireau
- 1 petit bouquet garni
- 2 petites gousses d'ail

Les légumes

- ½ poireau
- 1 carotte jaune
- 1 carotte violette
- 1 pomme de terre Charlotte
- 50 g de crosnes
- 1 persil tubéreux
- 1 petit radis *red meat* ou radis pastèque
- 1 petit radis *blue meat*
- 2 petites carottes nouvelles
- aneth

RECETTE

1. La veille, placer le poulpe dans une casserole d'eau avec la garniture aromatique (légumes et bouquet garni).

Le saumon

2. Tremper les pavés de saumon dans les graines de chia pour créer une croûte de graines.
3. Placer les pavés sur une plaque huilée et enfourner jusqu'à obtention d'une cuisson à cœur de 54 °C, soit 15 minutes dans un four à 80 °C.

Le bouillon

4. Faire bouillir l'eau, les algues dessalées et la bonite. Laisser infuser hors feu 45 minutes. Passer le bouillon au chinois étamine puis refaire bouillir.
5. Hors feu, ajouter le foin, le mirin et le tamari, et laisser infuser 10 minutes. Passer au chinois et au filtre à café. Vérifier l'assaisonnement.

Le poulpe

6. Faire bouillir le poulpe puis le laisser cuire 3 heures à feu très doux sans ébullition.
7. Une fois refroidi, émincer le poulpe, puis le réserver au frais.

Les légumes

8. Laver, éplucher et tailler les légumes. Les cuire vapeur jusqu'à ce qu'ils soient fondants.

Le dressage

9. Dans des assiettes creuses, disposer les légumes, le poulpe émincé, quelques tentacules et le pavé de saumon. Mouiller avec le bouillon et décorer avec des pluches d'aneth.

Bon à savoir

Plat complet inspiré du pot-au-feu traditionnel, cette version apporte les oméga-3 précieux du saumon, préservés par la cuisson douce.

ROQUETTE DREAM

Salade de pâtes au pesto inédit

25 min 2

INGRÉDIENTS

Le pesto de roquette

- 50 g de roquette
- 5 feuilles de basilic
- 25 g de pignons de pin
- 25 g de parmesan
- ½ gousse d'ail
- ½ c. à s. d'huile olive

La salade

- 250 g de pâtes semi-complètes ou de pâtes de pois chiches
- 50 g de fèves décortiquées fraîches ou surgelées
- ½ petit bocal de tomates séchées
- quelques olives noires
- quelques feuilles de roquette

RECETTE

Le pesto de roquette

1. Mixer la roquette, le basilic, les pignons et l'ail. Ajouter l'huile d'olive et le parmesan et mixer à nouveau jusqu'à obtention d'une texture assez lisse. Goûter et ajouter un peu de basilic si la roquette apporte trop d'amertume.

La salade

2. Faire cuire les pâtes *al dente* dans un grand volume d'eau. Égoutter et laisser refroidir.
3. Cuire les fèves 20 minutes à l'eau bouillante ou 10 minutes à la vapeur.
4. Mélanger dans un saladier les pâtes, les fèves refroidies, les tomates séchées, les feuilles de roquette et les olives noires dénoyautées et coupées en deux.
5. Assaisonner avec le pesto.

Bon à savoir

Manger des féculents le soir favorise un sommeil calme, en évitant le pic glycémique grâce à leurs sucres complexes. Ceux-ci sollicitent moins le système digestif, favorisant un endormissement de qualité.

Petit déjeuner

Encas / dessert

Boisson

Petit déjeuner

EMBROUILLE L'INSOMNIE

Œufs brouillés aux herbes

10 min · 2

INGRÉDIENTS

- 6 œufs
- 1 tasse d'un mélange de persil, cerfeuil, estragon et ciboulette ciselés
- 2 c. à s. d'huile d'olive
- sel, poivre

RECETTE

1. Dans un saladier, casser les œufs et les battre doucement pour garder l'aspect mousseux. Ajouter les herbes, une cuillère à soupe d'huile d'olive, le sel et le poivre.
2. Dans un bain-marie, verser le reste de l'huile d'olive. Ajouter les œufs battus aux herbes. Mélanger jusqu'à obtention d'une texture crémeuse.

Servir avec un toast de chèvre frais bien poivré et une salade verte assaisonnée à l'huile d'olive et au citron.

Bon à savoir

Les œufs et le persil apportent de la glutamine, acide aminé précurseur du neurotransmetteur le plus répandu : l'acide gamma-aminobutyrique ou GABA. Celui-ci nous permet d'affronter nos peurs, de stabiliser nos humeurs. C'est le frein de notre système nerveux. Il est indispensable pour déconnecter le cerveau et trouver le sommeil.

Petit déjeuner

SHOOT DE MÉLATONINE

Porridge

1 h la veille + 10 min — 2

INGRÉDIENTS

- 40 g de flocons d'avoine
- 25 cl de lait d'amande
- ½ banane
- quelques cerises décongelées ou fraîches si c'est la saison
- 1 c. à s. de baies de goji
- 1 c. à s. d'éclats de fèves de cacao ou de copeaux de chocolat noir
- 1 c. à s. de fromage blanc
- 1 c. à s. de sirop d'agave
- 1 c. à s. de graines de chia

RECETTE

1. La veille, mettre à tremper la moitié des baies de goji.
2. Mettre à chauffer le lait d'amande dans une casserole, à feu doux. Verser ensuite les flocons d'avoine. Mélanger doucement à l'aide d'une cuillère en bois pendant 10 minutes, jusqu'à obtention d'une texture épaisse et onctueuse.
3. Hors du feu, ajouter les cerises coupées et les baies de goji réhydratées, mélanger jusqu'à obtenir un mélange coloré. Verser dans un bol.
4. Sur le porridge, disposer des rondelles de banane, quelques cerises et les copeaux de chocolat, puis le fromage blanc.
5. Pour terminer, verser un filet de sirop d'agave, disposer le reste des goji et des graines de chia.

Bon à savoir

L'avoine possède des alcaloïdes, sédatifs et calmants du système nerveux, ce qui en fait une bonne alliée en cas d'agitation, de stress et d'insomnie.

Dessert

LA PANADE DE MAGALI

Tarte familiale pommes-fleur d'oranger

1 h 30 — 8

INGRÉDIENTS

- 170 g de farine
- 40 g de beurre fondu
- 2 c. à s. d'huile d'olive
- 2 c. à s. d'eau de fleur d'oranger
- 2 petits œufs
- 1 zeste d'orange râpé
- 1 c. à s. de rapadura
- 2 à 3 pommes

RECETTE

1. Couper les pommes et les laisser compoter dans une casserole à feu très doux avec un peu d'eau.
Refroidir et réserver.
2. Dans un saladier, pétrir le beurre, la farine, le sucre et le zeste d'orange, puis ajouter les œufs, l'eau florale et l'huile d'olive. La pâte doit se décoller des bords du saladier ; si elle est trop sèche, ajouter un peu d'eau. Laisser reposer au moins 1 à 2 heures.
3. Réserver un morceau de pâte pour les croisillons. Étaler la pâte dans un moule à tarte.
4. Garnir la pâte avec la compote de pommes en couche fine.
5. Mettre des croisillons de pâte pour décorer.
Rabattre la pâte sur le pourtour et dorer au jaune d'œuf.
6. Enfourner à 200 °C pendant 30 à 40 minutes.

Bon à savoir

L'eau de fleur d'oranger possède des vertus calmantes et sédatives. La fleur d'oranger est un classique de la pharmacopée naturelle du sommeil.

L'eau florale (ou hydrolat) est recueillie lors de la distillation de la plante pour obtenir l'huile essentielle. Ici, le bigaradier ou petit grain (*Citrus aurantium bigaradia*), un oranger amer. Son hydrolat contient des molécules aromatiques relaxantes et sédatives.

Encas/dessert

NICE CREAM

Crème glacée végétale

5 min la veille 1 nuit 2

INGRÉDIENTS

- 2 bananes bien mûres
- 15 cerises
- jus d'1 citron

RECETTE

La veille

1. Couper les bananes en lamelles et les placer au congélateur.

Juste avant de déguster

2. Mixer les cerises dénoyautées avec le jus de citron puis ajouter les lamelles de bananes congelées.
3. Mixer 3 minutes, le mélange va alors gonfler en une délicieuse texture onctueuse et aérienne.

À déguster immédiatement ! Parsemer, selon le goût, d'amandes, de brisures de noix ou d'éclats de chocolat.

Bon à savoir

Sans lait, sans sucre, ce dessert ou encas a tout bon pour vous accompagner dans les bras de Morphée. Les bananes contiennent du tryptophane : associé à la vitamine B6, cet acide aminé essentiel permet la synthèse de la sérotonine et de la mélatonine, un vrai somnifère naturel ! Et la cerise est une source naturelle de mélatonine, l'hormone du sommeil !

Sandra
Mr Edgar

Encas/dessert

LA CRÈME D'EDGAR

Île flottante végétale

40 min · 1 h · 4

INGRÉDIENTS

Le coulis de mangue

- 3 mangues assez mûres
- zeste d'1 citron vert

L'espuma d'amande

- 250 g de lait d'amande*
- 75 g de pâte d'amande*
- 5 gouttes d'extrait d'amande amère
- 3 blancs d'œuf (environ 90 g)

La barre de céréales

- 100 g de fruits secs (amande, noisette, goji...)
- 90 g de flocons d'avoine
- 1 grosse banane
- 60 g de sucre
- 40 g de miel ou sirop d'agave
- 45 g de poudre d'amande
- 50 g pépites de chocolat (facultatif)

RECETTE

Le coulis de mangue

1. Éplucher et couper les mangues. Les mixer en coulis, ajouter les zestes de citron vert. Réserver au frais.

L'espuma d'amande

2. Chauffer le lait d'amande et la pâte d'amande, puis mixer l'ensemble pour une préparation homogène. Laisser refroidir et ajouter les blancs d'œuf et l'extrait d'amande.
Bien mélanger au fouet. Mettre au siphon avec 2 cartouches de gaz. Réserver au frais.

La barre de céréales

3. Couper la banane en rondelles. Dans une casserole, la faire bouillir avec le miel et le sucre. Bien mélanger à la spatule avec les fruits secs, l'avoine et la poudre d'amande. Étaler le mélange sur une plaque à pâtisserie. Cuire à 180 °C pendant une quinzaine de minutes. Détailler des rectangles longs et fins à la sortie du four.

Le dressage

4. Disposer au fond de la verrine le coulis de mangue, puis l'espuma d'amandes. Décorer avec un zeste de citron vert et servir avec la barre de céréales.

Bon à savoir

L'amande est riche en tryptophane et en magnésium. Elle favorise la synthèse de la sérotonine et la détente de l'organisme, pour l'inciter à un repos plus profond.

* **Lait d'amande maison** laisser tremper 500 g d'amandes dans un litre d'eau pendant 8 heures minimum. Mixer les amandes avec 1 litre d'eau. Passer le melange obtenu dans un torchon pour ne garder que le liquide. Faire sécher la pâte restée dans le torchon, elle pourra être utilisée dans un cake ou un gâteau.

* **Pâte d'amande maison** : mélanger 125 g de poudre d'amande, 100 g de sucre glace et un blanc d'œuf. Conserver cette pâte au frigo, bien emballée hermétiquement dans du film étirable.

Dessert

RIZ AU LAIT DODO

Doux et gourmand

30 min · 2 h · 2

INGRÉDIENTS

- 2 c. à s. bombées de riz semi-complet
- 2 bananes mûres
- ½ gousse de vanille
- 20 cl d'eau
- 30 cl de lait de coco ou d'amande
- 2 c. à s. de sucre de coco
- 1 pincée de gomasio (mélange de sel et sésame, en magasin bio)
- 100 g de fruits rouges frais ou décongelés
- 20 ml d'eau de coco
- 1 c. à s. de graines de chia
- 1 c. à c. de sirop d'érable
- jus d'1 citron

RECETTE

1. Couper les bananes en rondelles.
2. Dans une casserole, mettre le lait de coco ou d'amande avec le sucre de coco, le gomasio, les bananes et la vanille.
3. Faire cuire le riz une vingtaine de minutes dans ce mélange.
4. Retirer la gousse de vanille avant de verser le mélange dans des ramequins. Laisser refroidir et garder au frigo 2 heures.
5. Dans un cul de poule, écraser les fruits rouges.
6. Ajouter le jus de citron, l'eau de coco, les graines de chia et le sirop d'érable et mélanger. Réserver une heure au frigo pour que les graines de chia gonflent.
7. Servir le riz au lait avec le coulis de fruits aux graines de chia.

Bon à savoir

Le riz complet ou semi-complet est le féculent à privilégier pour un meilleur sommeil, car il augmente les phases de sommeil profond, particulièrement réparateur. Sa teneur en glucides complexes, en magnésium et en tryptophane en fait le sauveur des insomnies !

Dessert

NUIT NOIRE

Mousse au chocolat

25 min · 2 h · 4

INGRÉDIENTS

Les 4 mousses

- 3 œufs
- 100 g de chocolat noir à 70 %
- 1,5 c. à s. d'huile d'olive
- 20 g de rapadura (facultatif)
- 1 pincée de fleur de sel

Le granola

- 1 c. à s. d'amandes effilées
- 1 c. à s. de flocons d'avoine
- 1 c. à s. de noix concassées
- 1 c. à s. de graines de tournesol
- 2 c. à s. d'huile de coco
- 2 c. à s. de miel
- ½ grenade pour la décoration

RECETTE

Les 4 mousses

1. Au bain-marie, faire fondre le chocolat avec l'huile d'olive.
2. En dehors du feu et quand le chocolat fondu a refroidi, ajouter les jaunes d'œufs, le sucre éventuellement et la pincée de fleur de sel.
3. Monter les blancs d'œufs en neige ferme avec un tour de moulin de sel. Ajouter progressivement les blancs d'œufs au mélange chocolat-jaune d'œuf, en soulevant le tout avec une cuillère en bois pour ne pas casser la mousse.
4. Répartir dans des ramequins. Réserver au frigo au moins 2 heures.

Le granola

5. Dans un saladier, mélanger les ingrédients secs : flocons, graines et oléagineux.
6. Dans une casserole, faire fondre le miel et l'huile de coco. Laisser refroidir.
7. Mélanger le liquide et les ingrédients secs, et répartir le tout sur une plaque préalablement garnie de papier sulfurisé. Enfourner à 180 °C pour une quinzaine de minutes, jusqu'à ce que le granola soit doré.

Servir les mousses avec un topping de graines de grenade et du granola.

Bon à savoir

Le chocolat noir apporte le magnésium indispensable à un bon cycle éveil/sommeil. L'huile d'olive remplace astucieusement le beurre. Le granola apporte les vertus des oléagineux.

Thomas
Copper Roots

Boisson

COCKTAIL DE THOMAS

Élixir floral

45 min — 2

INGRÉDIENTS

Le sirop de verveine

- 300 g de sucre blanc
- 1 l d'eau
- 200 g de verveine

L'infusion à la menthe

- 200 ml d'eau
- quelques feuilles de menthe

Le cocktail

- 5 cl d'eau florale de mélisse
- 3 gouttes d'extrait de fleur d'oranger

RECETTE

Le sirop de verveine

1. Dans une casserole sur feu doux, fouetter le sucre dans l'eau pendant 10 à 15 minutes, puis laisser refroidir.
2. Laisser infuser la verveine pendant 24 heures dans le mélange refroidi. Le sirop se garde au frigo un mois maximum, car il ne contient pas de conservateur.

L'infusion à la menthe

3. Dans une petite casserole, légèrement émietter la menthe dans un fond d'eau froide, puis mettre sur le feu moyen-fort et couvrir.
4. Dès les premiers frémissements de l'eau, retirer du feu et laisser infuser 5 à 10 minutes.

Le cocktail

5. Dans un shaker à cocktail, verser l'eau florale de mélisse, l'extrait de fleur d'oranger, 5 cl d'infusion et 2 cl de sirop de verveine. Secouer vigoureusement.

Servir bien glacé.

Bon à savoir

Les eaux florales sont une bonne alternative aux tisanes. Une cuillère à soupe dans de l'eau tiède et voilà une boisson relaxante instantanée. La mélisse est une plante aux vertus antispasmodiques et apaisantes.

Boisson

DE LA LAITUE, QUI L'EÛT CRU !

Smoothie laitue et banane

45 min 2

INGRÉDIENTS

- 4 fleurs de camomille
- 90 grammes de laitue romaine
- ¼ de concombre
- 1 petite banane
- jus d'un demi-citron

RECETTE

1. Dans une petite tasse, verser de l'eau bouillante sur les fleurs de camomille et laisser infuser 6 minutes.
2. Laver et hacher les feuilles de laitue.
3. Filtrer l'infusion et la mettre dans le mixeur avec le reste des ingrédients, sans oublier le jus du demi-citron, et mixer jusqu'à obtention d'une texture lisse.

À consommer bien frais, 1 heure avant d'aller se coucher.

Bon à savoir

La laitue est connue depuis longtemps pour ses vertus sédatives et soporifiques. Son nom vient du latin *lactuca*, latex. Lorsqu'on coupe une feuille de laitue, ce latex laiteux s'échappe. Il est gorgé de substances proches des opiacés. Ce smoothie est un gage de nuit sans insomnie !

LE RHUME

Les giboulées de mars, une soirée sans écharpe, les premiers frimas de l'hiver et hop, vous vous levez avec le nez tout rouge qui coule, les yeux qui pleurent... Bref, le vilain rhume ! Bim, pile la semaine où vous avez un rendez-vous important avec votre boss ou du travail par-dessus la tête...

Pas de panique, nous avons tout prévu !

Il suffit d'une semaine de recettes avec les bons aliments pour minimiser vos symptômes, retrouver la forme et mettre le rhume en sourdine.

Que choisir d'acheter au marché ? Quels aliments éviter pour la semaine ? **C'est parti !**

Objectifs

Augmenter les apports de vitamines et d'oligoéléments

Pour bien fonctionner et lutter contre les infections, le corps utilise les vitamines et les oligoéléments. Ceux-ci interviennent dans une multitude de réactions chimiques, notamment pour notre système immunitaire. Si nous avons des carences, l'immunité travaille au ralenti.

Les deux vitamines importantes pour l'immunité sont les vitamines C et D. L'oligoélément majeur de l'immunité est le zinc.

En pratique

- Vive le **cru** ! Fruits et légumes de saison issus d'une agriculture raisonnée ou bio et locale (pour éviter la déperdition de nutriments par les traitements, le stockage ou le voyage).
- **Vitamine D** : le plein d'œufs, de poissons gras et de thon.
- **Vitamine C** : on fonce sur le persil, les agrumes, les kiwis, les choux, les épinards, les brocolis...
- **Zinc** : un grand oui aux graines de courge, lentilles et légumes verts.

Diminuer l'acidité

Une consommation excessive de sucres et de protéines animales demande un métabolisme cellulaire important et engendre la production d'acides. Cette acidification du terrain entretient l'inflammation qui accompagne le rhume.

À noter : les protéines animales produisent des **acides forts** en se dégradant, qui sont traités par le **rein**, organe lent et coûteux en énergie. Les protéines végétales, elles, produisent des **acides faibles**, qui sont traités par les **poumons**, organes rapides et efficaces.

En pratique

- On met la pédale douce sur les sucres, surtout raffinés, qui acidifient le terrain.
- Stop aux fromages, aux produits laitiers, aux céréales raffinées, aux viandes et à la charcuterie, qui produisent des acides forts.
- On fait le plein d'aliments alcalinisants : pommes de terre, légumes verts, bananes, dattes, herbes aromatiques...
- On y va mollo sur le café, les sodas et l'alcool, qui acidifient le terrain.

Drainer les toxines

Il est capital de boire beaucoup en période de rhume, pour lutter contre la déshydratation liée à la fièvre et diluer les mucosités.

En pratique

- Bouillons et tisanes, matin, midi et soir !

Augmenter les aliments soufrés et anti-infectieux

Les aliments soufrés permettent d'expectorer et de drainer les voies respiratoires. Les aliments aux propriétés antiseptiques aideront à détruire le virus.

En pratique

- Soufre, mon ami : endives, navets, choux, cresson, poireaux.
- Virus *killers* : ail, oignon, vinaigre de cidre, clou de girofle, origan, cannelle, thym.
- On mise sur les miels thérapeutiques : manuka, thym, romarin, etc.

Augmenter les apports en antioxydants

Les cellules du système immunitaire produisent des radicaux libres pour détruire les virus. Produits en excès, ces radicaux libres peuvent attaquer les protéines ou les lipides de nos membranes cellulaires et produire des dégâts. Les aliments antioxydants sont là pour neutraliser cet excès.

En pratique

- On teste l'assiette haute en couleur avec des fruits et légumes à chair colorée. Chaque couleur est caractéristique de nutriments différents, notamment les polyphénols et caroténoïdes, très antioxydants.
- On mange épicé ! Les épices sont gorgées de molécules antioxydantes.

LES CONSEILS NATURO

- Hygiène du nez et inhalations sont de rigueur (romarin, feuilles d'eucalyptus, thym).
- Repos et sommeil.
- Go sur la vitamine D, indispensable pour l'immunité. Nous en manquons d'octobre à avril, car nous ne nous exposons pas assez au soleil, et l'alimentation ne couvre que 25 % de nos besoins.

Ma feuille de route

Je fais le plein

Je privilégie les circuits courts, les aliments de saison et issus d'une agriculture bio ou raisonnée. J'essaie de toujours avoir dans mes placards :

- des fruits et légumes de couleurs variées, notamment des agrumes et des crucifères (famille des choux) ;
- des herbes aromatiques et des épices : persil, coriandre, thym, ail, oignons, clou de girofle, cannelle, gingembre ;
- des aliments basifiants : dattes, légumes verts...

Je vide mes placards

Je finis rapidement ce qu'il me reste et j'évite au maximum :

- tous les produits laitiers pendant cette semaine : beurre, fromages, lait, crème, yaourts et desserts lactés ;
- les viandes rouges et la charcuterie ;
- le café, les sodas et l'alcool ;
- tous types de sucres : raffinés (bonbons, gâteaux, biscuits) et céréales blanches (pâtes, riz et pain non complets). Je limite ma consommation de pain, même semi-complet et complet.

Je retiens

- La cuisson douce est à privilégier.
- Je ralentis mon rythme d'activité, je me repose et me couche tôt.
- Je bois beaucoup d'eau, d'infusions, de bouillons.
- Je privilégie une alimentation végétarienne.
- J'augmente les bonnes graisses : focus sur les oméga-3.
- J'utilise davantage les herbes et épices.
- Je peux doser ma vitamine D en laboratoire et me supplémenter si je suis en carence (apports physiologiques et quotidiens préférables aux ampoules, très dosées).

Mon menu de la semaine

	MIDI	SOIR
LUNDI	Dragon des rhumes	Reykjavik power
MARDI	Bobo rhum	Poule mouillée
MERCREDI	Salade anti-frimas	Soupe reniflette
JEUDI	Thaï tchoum	Tomato killer
VENDREDI	Poke bowl de Maëlle	Couscous rescousse
SAMEDI	Chasseur de virus	Ravioles de betteraves de Gabriel
DIMANCHE	Galettes-charbon d'Eddy	Roulez jeunesse

DRAGON DES RHUMES

Poulet estragon

30 min 2

INGRÉDIENTS

- 2 belles cuisses de poulet
- 1 petit bouquet d'estragon
- 1 citron
- 1 gousse d'ail
- 2 c. à s. d'huile d'olive
- 1,5 c. à s. de sauce tamari
- 100 ml de lait de coco
- 140 g de riz complet
- sel, poivre

RECETTE

1. Couper 2 tranches dans le citron et râper un peu de sa peau en zeste. Piler l'ail.
2. Faire une entaille dans la peau du poulet. Avec un couteau, décoller délicatement la peau de la chair. Glisser dans l'interstice deux rondelles de citron et des branches d'estragon.
3. Faire mariner les cuisses dans un mélange d'huile d'olive, de sauce tamari, d'estragon, de zestes de citron, d'ail, de sel et de poivre pendant au moins une demi-heure à température ambiante. Garder la marinade pour la sauce.
4. Avec un pinceau, bien tartiner chaque cuisse de la marinade et cuire 20 à 30 minutes environ à la vapeur. Vérifier la cuisson et réserver. Pendant ce temps, cuire le riz.
5. Dans une casserole, délayer la marinade avec du lait de coco. Napper les cuisses avec la sauce et servir avec du riz.

Pour plus de gourmandise et de fondant, mettre les cuisses nappées de sauce au four à 210 °C pour 10 minutes.

Garder les os de poulet pour le bouillon de poule de mardi soir.

Bon à savoir

On revisite le classique poulet à l'estragon par la cuisson vapeur. Considéré par les chefs comme la reine des herbes, l'estragon est un trésor d'antioxydants.

REYKJAVIK POWER

Soupe islandaise

40 min 2

INGRÉDIENTS

Le bouillon

- 1,5 l d'eau
- ½ brocoli
- 1 carotte
- 1 petit poireau
- 1 petit oignon
- 1,5 c. à s. de curry en poudre
- 200 g de morceaux de poissons variés : cabillaud, saumon sauvage, colin, flétan...
- une dizaine de crevettes décortiquées
- persil plat

Les crackers maison

- 9 c. à s. de farine semi-complète
- 5 c. à s. d'huile d'olive
- 2 pincées de fleur de sel
- 1 c. à c. de levure (facultatif)
- 10 à 15 cl d'eau
- 2 c. à s. de flocons d'avoine
- graines : tournesol, sésame, fenouil
- aromates de votre choix : thym, romarin...

RECETTE

Le bouillon

1. Découper les légumes en dés, les mélanger dans un faitout avec le curry, ajouter l'eau et faire cuire à feu doux et à couvert (à l'étouffée douce) pendant une petite demi-heure.
2. Augmenter ensuite la température jusqu'à frémissement et y jeter les morceaux de poisson et les crevettes. Laisser frémir pendant 4 minutes.

Les crackers maison

3. Pendant la cuisson du bouillon, dans un saladier, mélanger la farine, la levure, le sel et l'huile d'olive. Incorporer l'eau jusqu'à obtenir une pâte malléable. Ajouter les flocons d'avoine, les aromates et les graines.
4. Étaler et découper des rectangles de 1 x 4 cm environ. Les disposer sur une plaque recouverte de papier sulfurisé. Enfourner 10 minutes à four chaud (210 °C). Surveiller la cuisson pour que les crackers soient juste dorés.

Servir le bouillon bien chaud dans une assiette creuse, décorer avec des feuilles de persil plat et quelques crackers maison.

Bon à savoir

L'oignon est riche en soufre, bon pour le système ORL, et en quercétine, molécule antiallergique et antiseptique. Il soulagera les nez qui coulent et les symptômes bronchiques.

BOBO RHUM

Bò bún, salade vietnamienne

25 min | 2

INGRÉDIENTS

Le bo bun

- 50 g de vermicelles de riz
- 2 carottes
- 1/8 de chou rouge
- 3 têtes de brocolis
- 10 feuilles de menthe
- 10 feuilles de coriandre
- 15 cacahuètes
- quelques feuilles de salade verte croquante
- 1 petite poignée de sésame complet toasté
- 1 c. à c. d'huile de sésame toasté

La vinaigrette thaï

- 1c. à c. de citronnelle séchée
- 1 c. à s. d'huile de sésame toasté
- 1 c. à s. d'huile de colza
- jus d'1 citron
- 1 c. à s. de tamari
- ¼ d'oignon rouge

RECETTE

1. Râper le chou rouge, les carottes et les têtes de brocolis à la mandoline. Ajouter les feuilles de menthe et de coriandre émincées et les cacahuètes grossièrement concassées.
2. Faire cuire les vermicelles de riz en les ébouillantant 5 minutes. Les refroidir sous l'eau froide. Les mélanger avec une cuillère à café d'huile de sésame toasté pour qu'elles ne collent pas.
3. Préparer la vinaigrette en faisant mariner la citronnelle et l'oignon rouge dans le mélange d'huiles, de citron et de tamari. La passer au chinois en pressant sur les oignons et la citronnelle pour en libérer les saveurs. Ajouter la sauce filtrée aux légumes, herbes et cacahuètes.
4. Dans un bol, faire un lit de salade verte. Ajouter les vermicelles et les légumes marinés. Saupoudrer de graines de sésame et décorer avec quelques feuilles de coriandre.

Bon à savoir

Le mélange des herbes aromatiques et des légumes de couleurs rouge, orange et verte assure l'apport de nombreux antioxydants. Le plat est vivant avec ses nombreuses crudités riches en vitamines et oligoéléments.

POULE MOUILLÉE

Bouillon de poule léger, digeste et alcalinisant

20 min | 4

INGRÉDIENTS

- les restes (os) du poulet préparé le lundi
- 1 poireau
- 1 pomme de terre
- ½ courge butternut
- ½ céleri rave ou 1 navet
- 1 petit oignon
- 1 grosse carotte
- 1 gousse d'ail
- fleur de sel

RECETTE

1. Dans le fond du cuit-vapeur, mettre la carcasse de poulet et la couvrir d'eau.
2. Couper tous les légumes en morceaux et les mettre dans le panier vapeur. Cuire les légumes jusqu'à ce qu'une pointe de couteau s'y enfonce facilement.
3. Dans une assiette creuse, disposer les légumes cuits et arroser généreusement de bouillon. La soupe peut aussi être généreusement mixée (bouillon et légumes) pour un velouté gourmand.

Réserver au frigo un bocal du bouillon de poulet sans légumes pour le Couscous rescousse de vendredi soir.

Bon à savoir

Le bouillon de poule est *le* remède de grand-mère contre le rhume. Chargé du collagène de la carcasse du poulet et accompagné de légumes cuits à la vapeur, ce bouillon conserve ses vitamines et minéraux. On fait le plein de substances régénérantes !

SALADE ANTI-FRIMAS

Salade de légumes d'automne

10 min | 2

INGRÉDIENTS

La salade

- 2 endives
- 2 bouquets de mâche
- 4 feuilles de chou kale
- 1 petite tranche de potimarron
- 1 carotte
- 1 oignon rouge
- 1 poignée de noisettes

La vinaigrette

- 6 c. à s. d'huile d'olive,
- 1 c. à c. de gomasio
- 1 c. à s. de vinaigre de cidre
- 1 c. à s. de moutarde
- 1 c. à s. de levure maltée
- 1 gousse d'ail
- sel, poivre, persil

RECETTE

1. Ôter la tige dure des feuilles de chou kale et bien les frotter les unes contre les autres pour casser les fibres.
Enlever le cœur dur des endives.
2. Émincer les endives, le chou kale et l'oignon rouge à la mandoline. Râper la carotte et le potimarron cru.
Écraser la gousse d'ail.
3. Dans le fond d'une assiette creuse, dresser la mâche et les endives. Ajouter la carotte, le chou kale, l'oignon et le potimarron.
4. Concasser grossièrement les noisettes et les répartir sur les légumes.
5. Après avoir pressé l'ail, mélanger vigoureusement tous les ingrédients de la vinaigrette. Arroser la salade et déguster.

Bon à savoir

L'endive est gorgée d'eau. Consommée crue, elle est diurétique et contribue à éliminer les toxines. Une endive apporte l'équivalent d'un verre d'eau !

SOUPE RENIFLETTE

Basifiante, antioxydante et colorée

25 min | 4

INGRÉDIENTS

Des légumes de saison de couleurs différentes, par exemple :

- ½ potimarron
- 1 oignon rouge
- 1 poireau
- 1 carotte
- ½ chou-fleur ou brocoli
- 1 patate douce
- 1 navet
- 1 bouquet de persil plat

RECETTE

1. Découper les légumes en tronçons grossiers.
2. Mettre de l'eau, le poireau et l'oignon découpés dans la cuve d'eau du cuit-vapeur pour préparer un bouillon parfumé. Au-dessus, dans le panier vapeur, disposer les autres légumes.
3. Laisser cuire jusqu'à ce que les légumes soient *al dente* (légèrement croquants à cœur).
4. Installer les légumes juste cuits dans l'assiette et recouvrir de bouillon chaud. Décorer avec des pluches de persil.

Bon à savoir

Les légumes cuits *al dente* conservent certaines vitamines et les minéraux. On fait le plein d'antioxydants avec le potimarron et la carotte, riches en bêta-carotènes. De plus, le persil plat cru apporte une touche de vitamine C !

THAÏ TCHOUM

Salade aux saveurs asiatiques sucrées/salées

10 min 2

INGRÉDIENTS

La salade

- 3 avocats
- 1 mangue
- 1 échalote ou 1 oignon cébette
- 2 c. à s. de noix de cajou

La vinaigrette

- 2 c. à s. d'huile d'olive
- ½ c. à s. de vinaigre balsamique
- ½ c. à s. de jus de citron vert
- 2 c. à s. de lait de coco
- 2 c. à s. de sauce tamari

RECETTE

1. Émincer finement l'échalote, puis couper la mangue et les avocats en gros dés. Placer le tout dans un saladier.
2. Préparer l'assaisonnement en fouettant à la fourchette l'huile d'olive, le vinaigre, le lait de coco, le jus de citron vert et la sauce tamari, puis verser sur les fruits.
3. Concasser grossièrement les noix de cajou et les ajouter à la salade, puis mélanger doucement pour ne pas réduire en bouillie.

La salade peut être enrichie de crevettes pour l'apport en protéines !

Bon à savoir

La mangue est riche en polyphénols et en bêta-carotènes, c'est l'alliée antioxydante par excellence. Riche en vitamine C, elle combat la fatigue associée au rhume.

TOMATO KILLER

Soupe antivirale et aromatique

25 min | 2

INGRÉDIENTS

- 500 g de tomates bien mûres
- 1 c. à s. de concentré de tomates
- 1 petit oignon
- 1 gousse d'ail
- 1 goutte d'huile essentielle (HE) de thym à linalol
- 1 goutte d'HE de laurier noble
- 5 cl de lait végétal
- ½ c. à s. d'huile d'olive
- 1 pincée de sucre
- sel

RECETTE

1. Émincer l'oignon, puis le faire revenir dans une cocotte avec de l'huile d'olive.
2. Hacher l'ail finement.
3. Ébouillanter les tomates pendant 1 minute, puis les éplucher et les couper en morceaux.
4. Incorporer l'ail, le concentré de tomates et les tomates dans la cocotte. Assaisonner d'une pincée de sucre et de sel.
5. Verser 10 cl d'eau et porter à ébullition. Couvrir et poursuivre la cuisson à feu doux pendant 15 minutes.
6. Hors du feu, ajouter les huiles essentielles de thym et de laurier, le lait végétal et mixer. Ajouter un peu d'eau tiède si besoin.

Bon à savoir

Les huiles essentielles de laurier et de thym sont reconnues pour leur pouvoir antibactérien puissant : elles dopent le système immunitaire et assurent le ménage de la sphère respiratoire. Rhinopharyngite, angine, otite, bronchite, sinusite, grippe... rien ne leur résiste !

Maëlle
Traboule
Kitchen

POKE BOWL

Bol de crudités, poisson cru et vinaigrette tonique

25 min 2

INGRÉDIENTS

- 1 tête de brocoli
- 2 asperges
- 2 petites carottes
- 1 petite betterave rouge crue
- 1/8 de chou rouge
- 2 poignées de myrtilles fraîches
- ½ concombre
- 1 avocat
- 2 tasses de petits pois frais
- 2 tasses de pois chiches
- 8 radis
- 2 tasses à thé de quinoa semi-complet
- 2 filets de saumon cru
- 4 c. à s. de graines : lin, tournesol, courge, sésame, etc.

La marinade

- jus de 2 citrons verts
- 4 c. à s. de tamari
- 4 c. à c. de sésame doré
- 2 c. à s. de miel

La vinaigrette

- 20 cl de jus d'orange
- 20 cl de jus de citron
- 6 c. à s. de miel
- 10 cl d'huile d'olive
- 10 cl d'huile de colza
- 2 c. à c. de curcuma en poudre ou frais râpé
- 2 c. à c. de gingembre en poudre ou frais râpé
- 2 gousses d'ail
- sel, poivre

RECETTE

La marinade

1. Mélanger les ingrédients de la marinade. Découper le poisson en cubes et l'immerger dans la marinade. Garder au frais au moins 20 minutes.

Le *bowl*

2. Blanchir le brocoli, les petits pois, les asperges et les refroidir à l'eau glacée.
3. Cuire le quinoa 10 minutes dans l'eau bouillante. Laisser refroidir.
4. Couper les radis, détailler la betterave, trancher le concombre, râper les carottes, émincer le chou rouge, découper l'avocat et le citronner pour ne pas qu'il noircisse. Réserver.

La vinaigrette

5 Mixer tous les éléments de la vinaigrette au blender ou au mixeur plongeant, et ajuster l'assaisonnement sel et poivre.

Le dressage

6 Disposer le quinoa au fond des bol. Disposer l'ensemble des légumes, les myrtilles et les pois chiches en étoile sur le quinoa. Ajouter le saumon mariné. Arroser de sauce et saupoudrer des graines de votre choix.

Bon à savoir

Amusez-vous avec les couleurs : rouge, vert, violet, orange... pour faire le plein de tous les oxydants. La sauce est un grog en puissance à elle toute seule !

COUSCOUS RESCOUSSE

Sauveur épicé

40 min | 2

INGRÉDIENTS

- 250 g de quinoa rouge ou de semoule complète
- 2 c. à c. de cannelle en poudre
- 15 g d'huile de coco ou d'olive
- 4 carottes entières
- 4 navets entiers
- 1 courgette
- 1 poivron vert
- 1 petite poignée de raisins secs
- 50 g de pois chiches cuits (en conserve ou en bocal)
- 2 c. à c. de ras el-hanout
- 2 c. à s. d'huile d'olive
- 2 c. à c. de curcuma
- 1 bocal de bouillon de poule maison (restes de mardi soir)

RECETTE

1. Frotter les carottes et les navets pour les laver en gardant la peau, puis les sécher.
2. Tailler les courgettes en tagliatelles à l'épluche-légume. Évider et couper le poivron.
3. Cuire le quinoa à l'eau, ajouter un peu d'huile de coco ou d'olive et de cannelle en poudre lorsqu'il est égoutté.
4. Napper les carottes, les navets, la courgette et le poivron vert d'huile d'olive et de curcuma, puis les cuire à la vapeur pendant 10 minutes.
5. Mélanger le bouillon de poule tiédi et le ras el-hanout. Réhydrater les raisins secs et les pois chiches avec ce mélange.
6. Servir le quinoa avec les légumes, les raisins secs et les pois chiches. Mouiller le tout avec le reste du bouillon.

Bon à savoir

Le ras el-hanout est sans aucun doute le mélange d'épices le plus inventif qui soit ! Son nom signifie littéralement « la tête de l'épicerie », soit le « meilleur de la boutique ». C'est une force pour votre système immunitaire. Le curcuma est quant à lui reconnu comme ayant des vertus anti-inflammatoires, le gingembre est un tonique par excellence, et le clou de girofle a un pouvoir antiseptique.

CHASSEUR DE VIRUS

Courge butternut farcie au chèvre

45 min 2

INGRÉDIENTS

La butternut farçie

- 1 grosse courge butternut
- 400 g de fromage de chèvre
- 1 gousse d'ail
- 1 branche de romarin
- 1 branche de thym
- salade verte

Les croûtons maison

- 2 tranches de pain (évitez le pain blanc)
- 2 ou 3 gousses d'ail
- 15 cl d'huile d'olive

RECETTE

La butternut farçie

1. Couper la courge butternut en deux, enlever les graines et évider suffisamment de chair pour avoir deux cavités
2. Effeuiller le thym et le romarin. Écraser le fromage de chèvre et la gousse d'ail avec les herbes aromatiques. Saler et poivrer. Remplir la courge avec le mélange.
3. Ajouter un filet d'huile d'olive et enfourner pour au moins 40 minutes à 180 °C.

Les croûtons maison

4. Presser l'ail. Dans une assiette creuse, le mélanger avec l'huile d'olive.
5. Découper le pain en cubes, adapter la taille selon vos préférences. Passer les cubes dans le bol en veillant à ce qu'ils soient recouverts du mélange huile-ail.
6. Disposer les croûtons sur une plaque recouverte de papier sulfurisé, arroser du reste du mélange et faire griller au four à 180 °C quelques minutes, jusqu'à ce qu'ils soient dorés et croustillants. Laisser refroidir sur du papier absorbant.

Servir la courge farcie avec une salade verte et quelques croûtons.

Bon à savoir

Le thym et le romarin sont vos armes anti-coup de froid. Gorgés de molécules antivirales, comme le thymol ou le cinéole, ces aromates vous aideront à combattre le rhume.

Gabriel
Bistrot Orcia

RAVIOLES DE BETTERAVES

aux deux saumons et aux agrumes

35 min · 2 à 4

INGRÉDIENTS

Les ravioles

- 2 pavés de saumon ou de truite bio
- 2 tranches de saumon fumé ou de truite fumée bio
- 2 grosses betteraves crues
- sel de Guérande
- quelques feuilles de laurier
- 1 pomme Granny Smith
- 1 oignon rouge
- 2 c. à s. d'huile d'olive

La vinaigrette vierge aux agrumes

- 1 citron
- 1 orange de Sicile
- 1 botte d'estragon
- 1 botte de ciboulette
- 1 botte de cerfeuil
- une petite poignée de noisettes
- 1 c. à c. de moutarde ancienne
- 2 c. à s. d'huile de tournesol
- 2 c. à s. d'huile d'olive
- 2 c. à s. d'huile de noisette
- sel, poivre et baies roses

RECETTE

Les ravioles

1. Cuire le saumon en papillote avec un filet d'huile d'olive, du sel et du poivre pendant 15 minutes au four préchauffé à 160 °C.
2. Porter à ébullition une grande quantité d'eau salée avec des feuilles de laurier et un filet d'huile d'olive.
3. Éplucher, laver et émincer très finement les betteraves pour obtenir 16 disques. Les cuire 30 secondes dans l'eau salée et aromatisée frémissante, égoutter et laisser refroidir.
4. Émincer très finement l'oignon rouge et les fines herbes.
5. Quand il est froid, écraser le saumon avec des lanières de saumon fumé, une partie de l'oignon et les fines herbes émincés pour obtenir des rillettes de saumon parfumées.
6. Étaler 8 disques de betteraves sur le plan de travail, disposer une cuillère de rillette de saumon sur chaque disque et refermer les ravioles avec les 8 disques restants. Bien pincer les bords et réserver au frais.

La vinaigrette vierge aux agrumes

7. Laver les agrumes, concasser les noisettes et les torréfier quelques minutes dans une poêle chaude, puis émincer les herbes.
8. Dans un petit saladier, zester les agrumes, lever les suprêmes d'orange et récupérer le jus, presser la moitié du citron. Ajouter les huiles et la moutarde, quelques baies roses, du sel, du poivre, le reste d'oignon, les herbes et les noisettes. Laisser mariner quelques minutes. Corriger l'assaisonnement.

Le dressage

9. Dresser 2 à 4 ravioles par personne sur une assiette plate en arrosant d'huile vierge aux agrumes. Couper la pomme en julienne et l'ajouter pour décorer.

Bon à savoir

La betterave est l'alliée détox grâce à sa bétacyanine qui élimine les toxines. Elle stimule également le système immunitaire, utile pour combattre le rhume.

Eddy
Suzette Pancakerie

GALETTES-CHARBON

Crêpes de sarrasin maquereaux-avocat-wasabi

45 min | 2 h | 2

INGRÉDIENTS

La pâte à galette

- 75 g de farine de sarrasin
- 2,5 g de gros sel
- 20 cl d'eau froide
- ½ c. à c. de charbon noir en poudre (facultatif)
- 1 noisette de beurre

Le maquereau

- 2 filets de petits maquereaux
- 20 cl de vinaigre de riz
- 1 c. à s. de miso blanc (ou rouge pour un goût plus corsé)
- 2 c. à c. de sucre

La crème d'avocat au wasabi

- 1 avocat mûr
- 20 cl de crème de riz
- ½ c. à c. de jus de citron vert
- ½ c. à c. de wasabi
- 1 pincée de sel

RECETTE

La pâte à galette

1. Dans un saladier, mélanger la farine, le gros sel et la poudre de charbon noir.
2. Verser l'eau en 2 fois, tout en mélangeant vigoureusement la préparation au fouet. On obtient une pâte lisse et épaisse.
3. Filmer et laisser reposer 1 à 2 heures au frais.

La garniture

4. Dans un bol, mélanger le vinaigre de riz, le miso et le sucre, puis délayer avec de l'eau pour obtenir 25 cl de liquide. Verser cette préparation dans un récipient rectangulaire et plonger dedans les filets de maquereaux entiers. Filmer au contact et laisser mariner au moins 1 heure.
5. Préparer la crème d'avocat au wasabi : fouetter la crème de riz avec une pincée de sel, mixer le reste des ingrédients (avocat, wasabi et jus de citron), puis associer les deux mélanges. Réserver au frais.

Le dressage

6. Pour cuire les galettes, mettre un peu de beurre dans une poêle bien chaude, verser une louchée de pâte et retourner la galette quand les bords se décollent.
7. Disposer la galette de sarrasin au charbon noir dans une assiette, la plier si besoin. Déposer par-dessus les maquereaux découpés en morceaux, puis la mousse d'avocat autour de ces derniers.

Vous pouvez ajouter des chips de chou kale et des pickles de chou romanesco pour la déco, comme sur la photo.

Bon à savoir

Le wasabi est surnommé le « raifort japonais », et il appartient à la même famille botanique que le raifort, les *Brassica*, qui inclut des légumes crucifères tels que le chou, le brocoli, les choux de Bruxelles et le chou frisé. Les crucifères sont chargées de composés appelés isothiocyanates (ITC). Les ITC uniques du wasabi sont responsables de la chaleur dégagée par les sinus, et ont un effet débouche-nez. Le wasabi contient aussi des vitamines, minéraux et fibres.

ROULEZ JEUNESSE

Rouleaux de printemps

30 min 2

INGRÉDIENTS

Pour 4 rouleaux

- ½ carotte
- ¼ de concombre
- 1 petit morceau de chou rouge
- ½ avocat
- 25 g de vermicelles de riz
- huile de sésame toasté
- 1 petite poignée de cacahuètes
- le jus d'un demi-citron
- 4 feuilles de riz
- 4 belles feuilles de menthe
- 4 belles feuilles de coriandre
- 50 g de poulet effiloché (facultatif)
- sel, poivre

La sauce

- 25 ml de sauce teriyaki
- 25 ml d'huile de sésame toasté

RECETTE

1. Détailler tous les légumes en bâtonnets de longueur équivalente. Arroser de jus de citron, saler et poivrer.
2. Dans un saladier, verser de l'eau bouillante sur les vermicelles, laisser cuire 4 minutes puis les rincer à l'eau claire et froide. Concasser les cacahuètes, les ajouter aux vermicelles froids avec l'huile de sésame. Bien remuer et laisser mariner quelques minutes.
3. Préparer un grand récipient d'eau très chaude pour ramollir les feuilles de riz.
4. Un par un, procéder ainsi pour confectionner les rouleaux :
   - tremper la galette dans l'eau chaude, la déposer bien à plat sur le plan de travail propre ou sur une planche ;
   - sur le tiers inférieur de la galette, déposer 3 ou 4 bâtonnets de chaque légume, une cuillère à soupe de vermicelles marinés et un peu d'effiloché de poulet si désiré ;
   - rouler la galette un tour, rabattre les côtés et rouler un autre tour. Déposer une feuille de menthe et une de coriandre contre la galette et finir de rouler.
5. Servir avec la sauce.

Si les rouleaux sont faits en avance, les conserver dans une assiette au frigo, recouverts d'un linge humide.

Bon à savoir

L'alimentation vivante, avec les légumes et les herbes crus, ce sont les vitamines garanties !

Petit déjeuner

Encas / dessert

Boisson

Petit déjeuner

PANCAKES MINUTE

Rapide et sain

10 min 2

INGRÉDIENTS

Pour 6 pancakes

- 1 banane bien mûre
- 2 œufs
- 4 c. à s. de lait de coco
- 1 c. à c. d'huile de coco

RECETTE

1. Mixer tous les ingrédients, sauf l'huile de coco.
2. Huiler une poêle antiadhésive avec l'huile de coco et la mettre sur feu moyen à vif.
3. Quand la poêle est chaude, y déposer une louchée de pâte. Retourner quand la face que vous voyez n'est plus humide.

À accompagner de purée d'amandes, de fruits de saison, et même de rien du tout !

Bon à savoir

Sans gluten et sans lactose, c'est l'encas facile et digeste.

Petit déjeuner

PORRIDGE DU NEZ QUI COULE

Avoine adoucissante

15 min · 1

INGRÉDIENTS

- 40 g de flocons d'avoine complets
- 30 cl de lait d'avoine
- 1 orange à jus
- 1 c. à s. de sirop d'agave ou d'érable
- 1 c. à s. de cannelle en poudre
- graines de sésame

RECETTE

1. Couper l'orange en deux. Presser une moitié en jus et détailler la seconde en suprêmes.
2. Dans une casserole, faire chauffer le lait d'avoine et les flocons d'avoine. Bien mélanger, ajouter le sirop d'agave et la cannelle, laisser cuire à feu doux pendant 15 minutes environ.
3. Hors du feu, ajouter le jus d'orange à la préparation et mélanger.
4. Disposer le tout dans un bol, ajouter les suprêmes d'orange, quelques graines de sésame et saupoudrer de cannelle. À déguster bien chaud !

Bon à savoir

L'avoine, graminée autrefois réservée aux chevaux, fait son grand retour dans nos assiettes, et à juste titre. Elle est riche en minéraux et en vitamine E, ce qui lui confère une action antioxydante. Réhydratés par le lait végétal, les flocons regorgent de fibres très rassasiantes, idéales pour tenir la matinée sans faim.

Dessert

CAKE ANTIGRIPPE

L'alternative au carrot cake

50 min 6

INGRÉDIENTS

- 3 œufs
- 2 ou 3 c. à s. de sucre de canne complet
- 150 g de farine semi-complète
- 100 g de poudre d'amande
- ½ sachet de levure
- ½ courge butternut
- 2 c. à s. d'huile de tournesol
- 1 c. à s. rase de cannelle
- 1 c. à s. rase de gingembre en poudre
- 1 c. à s. rase de mélange 4 épices
- 1 grosse poignée de raisins secs
- 1 grosse poignée de graines de tournesol

RECETTE

1. Battre les œufs et le sucre jusqu'à obtention d'un mélange aérien. Ajouter l'huile.
2. À part, mélanger la farine, la poudre d'amande et la levure.
3. Ajouter le mélange sec aux œufs battus, ainsi que les épices, les raisins et les graines de tournesol.
4. Râper finement la courge butternut au robot et l'incorporer à la pâte.
5. Beurrer un moule à savarin et y mettre la pâte. Enfourner pour 30 min dans un four préchauffé à 180 °C. Tester la cuisson avec une lame de couteau.

Décorer avec des rondelles d'orange, des étoiles de badiane, etc.

Bon à savoir

Les raisins secs regorgent de polyphénols qui aident à lutter contre la fièvre et les virus. En séchant, ils concentrent leur teneur en oligoéléments.

Encas/dessert

ORANGE MÉCANIQUE

Salade d'oranges

50 min · 30 min · 1

INGRÉDIENTS

- 3 oranges bio
- 1 c. à c. de cannelle en poudre
- 1 c. à s. de rapadura
- jus d'½ citron
- 1 c. à s. d'eau de fleur d'oranger (facultatif)

RECETTE

1. Lever les suprêmes d'oranges.
2. Dans un saladier, disposer les suprêmes, saupoudrer de sucre et de cannelle et arroser de jus de citron et d'eau de fleur d'oranger (facultatif).
3. Réserver au frigo au moins 30 minutes.

Bon à savoir

La cannelle est utilisée en médecine chinoise pour combattre le rhume. Elle freine la prolifération bactérienne et tonifie le système respiratoire.

Encas/dessert

PERLES DE SAINE GOURMANDISE

Tapioca coco

20 min · 20 min · 1

INGRÉDIENTS

- 1 verre de lait de coco
- 7 c. à s. de lait végétal
- 4 c. à s. de perles de tapioca
- fruits de saison ou fruits secs

RECETTE

1. Dans une casserole, verser le lait végétal et le lait de coco. Remuer le mélange puis laisser chauffer jusqu'à ébullition.
2. Ajouter les perles de tapioca et les faire cuire selon le temps indiqué sur la boîte. Continuer de remuer tout au long de la cuisson.
3. Retirer la casserole du feu et verser le mélange dans un récipient. Laisser refroidir une bonne vingtaine de minutes.
4. Servir avec une purée de fruits de saison ou des fruits secs réhydratés et mixés.

Bon à savoir

Le tapioca, sans gluten, est digeste et riche en fer. Nourrissant, il apaise les fringales sans fatiguer le système digestif.

Boisson

GREEN DÉTOX

Smoothie vert

15 min — 2

INGRÉDIENTS

- 1 poignée d'épinards
- 1 poignée de feuilles de chou kale
- 2 poires
- 2 kiwis
- jus d'½ citron
- 2 c. à s. de miel
- 20 cl de lait d'amande

RECETTE

1. Enlever la nervure centrale amère et dure des feuilles de kale. Frotter les feuilles entre elles pour casser les fibres et les assouplir.
2. Éplucher les kiwis et les poires, les couper en quatre.
3. Mixer tous les ingrédients avec le lait d'amande.
4. Boire sans attendre.

Bon à savoir

Le chou kale est le légume tendance et superstar du « manger sain ». Il a tout bon : vitamines, minéraux, antioxydants.

Boisson

TISANE ANTI-RHUME

Mélange de plantes

5 à 7 min — 1

INGRÉDIENTS

Plantes à privilégier pour leurs effets décongestionnant, apaisant, antiseptique

- tilleul
- mauve
- sureau
- myrte
- lavandin
- thym

RECETTE

1. Mettre une cuillère à café (2 g) de plantes par tasse, verser de l'eau frémissante (85-95 °C) sur le mélange et laisser infuser 5 à 7 minutes. Édulcorer au miel (facultatif).
2. Boire à plusieurs moments de la journée (au moins 3 tasses par jour), au moins 1 h 30 après les repas.

Bon à savoir

La tisane peut plaire aux enfants. Privilégier des plantes bio et entières pour conserver toutes leurs vertus, et en mélanger au minimum 3.

Boisson

Mathilde
Fruta Madre

RHUME ARRANGÉ

Jus de fruits thérapeutique

10 min | 75 cl

INGRÉDIENTS

- 6 pommes Granny Smith bio avec peau et pépins
- 5 cm de racine de curcuma
- 5 cm de racine de gingembre
- ½ citron bio avec la peau

RECETTE

1. Dans un extracteur de jus ou à la centrifugeuse, extraire le jus des pommes, du citron et des racines.
2. Servir frais et boire entre les repas.

Bon à savoir

La pomme non épluchée apporte les fibres solubles qui vont booster votre système immunitaire en nourrissant la flore intestinale. Riche en vitamine C, polyphénols et flavonoïdes, elle combat le rhume.

LES DOULEURS

Ah, les douleurs, quoi de pire pour gâcher une journée ! Lundi matin chagrin, la tendinite du bras qui se réveille, le mal de crâne qui pointe ou le dos bloqué après avoir aidé un ami à déménager... Organisons-nous ! Ce que nous vous proposons de manger peut diminuer le terrain inflammatoire et l'intensité de vos douleurs. Certains aliments sont pro-inflammatoires et d'autres, anti ! Lesquels ? Comment bien s'alimenter en cas de douleurs ? Nous vous disons tout sur l'alimentation anti-inflammatoire.

Objectifs

Se méfier des sucres

Il est l'heure de diminuer les sucres et céréales raffinés, qui participent à l'inflammation globale par leur index glycémique élevé. Débarrassés de leurs fibres naturelles par le raffinage, ces aliments n'ont plus de nutriments intéressants : ce sont le pain et le riz blancs, les pâtes et les farines blanches.

Une alimentation trop riche en glucides simples et sans fibres met en alerte perpétuelle le système immunitaire par une hausse du glucose dans le sang et stimule la production de messagers inflammatoires. Ces sucres raffinés, qui n'existent pas à l'état naturel, provoquent également des pics de sécrétion d'insuline, jusqu'à ce que l'organisme trop stimulé devienne résistant à l'insuline. C'est le lit des maladies métaboliques comme le diabète.

Au contraire, les sucres des fruits entiers ou des aliments semi-complets sont accompagnés de fibres. Celles-ci vont ralentir l'absorption des glucides et diminuer les pics de glycémie et de sécrétion d'insuline.

En pratique

- À bas les pizzas, pâtes bolo, baguettes matin, midi et soir (trop de sucres simples et rapides).
- Stop aux céréales raffinées trop sucrées : riz soufflé, galettes de maïs, céréales pour enfants...
- Exit le sucre blanc, les jus de fruits et les sodas qui ne servent à rien : ce sont des calories vides !
- On préfère les fruits entiers ou les smoothies et les féculents semi-complets.
- On évite la boulangère, même si elle est sympa : stop aux viennoiseries, pâtisseries, bonbons...
- On essaie de zapper le dessert.
- On consomme les fruits entiers en dehors des repas, dans la matinée ou l'après-midi.

Chouchouter la flore intestinale

On augmente la quantité d'aliments fermentés (probiotiques naturels, c'est-à-dire les bonnes bactéries de la flore intestinale) et de fibres (engrais de la flore intestinale).

La flore intestinale participe au traitement de l'inflammation ; un intestin en colère à cause d'une flore perturbée suractive le système immunitaire et stimule la production de messagers inflammatoires, les cytokines.

En pratique

- Vive la choucroute et les légumes lactofermentés !
- Kéfir de fruits à gogo !
- Focus sur les fibres complexes qui nourrissent la flore intestinale : artichauts, pommes, légumineuses...

Augmenter l'apport de graisses insaturées type oméga-3 (anti-inflammatoires)

Il existe différents types d'acide gras :

- **les acides gras saturés**, que l'on trouve dans le beurre, la crème, l'huile de coco et la plupart des aliments industriels : ils ne sont pas dénaturés par la cuisson, mais ne doivent pas être consommés en trop grande quantité, car ils sont suspectés de participer à la formation des plaques d'athérome (cholestérol) et d'être inflammatoires ;
- **les acides gras trans**, produits en quantité par l'industrie agroalimentaire pour leur grande résistance : ces acides gras fabriqués ne sont pas reconnus par le corps humain et participent au développement de certaines maladies, notamment cardio-vasculaires ;
- **les acides gras insaturés**, les oméga-3, 6 et 9 notamment : les oméga-9 (contenus dans l'huile d'olive, par exemple) supportent la cuisson ; les oméga-6 (huile de tournesol, de pépins de raisin, etc.) la supportent un peu moins, et les oméga-3 sont très fragiles et sensibles à la température, donc pas de cuisson pour eux !

Les oméga-3 produisent des messagers anti-inflammatoires s'ils sont apportés en quantité suffisante et respectés en température, mais notre alimentation moderne manque cruellement d'oméga-3. Ce sont pourtant nos alliés antidouleurs naturels. Ils produisent, une fois dans l'organisme, des eicosanoïdes, messagers anti-inflammatoires.

En pratique

- En avant les petits poissons gras (sardines, maquereaux, harengs, anchois) dans l'assiette ! Ils sont gorgés d'oméga-3.
- Focus sur les bonnes huiles première pression à froid et bio : colza, noisette, noix, cameline, lin... à consommer crues, bien sûr, pour préserver les fragiles oméga-3.
- Go sur les graines de chia, de chanvre, de lin, les noix du Brésil (attention, pas plus de 2 par jour car ces dernières sont riches en sélénium) et les noix de Grenoble, très riches en oméga-3.
- On lève le pied sur le beurre, la crème et les fromages.
- Stop aux plats préparés, qui nous cachent trop de choses !

Alcaliniser le terrain acide

Notre corps ne peut fonctionner qu'à un certain niveau d'acidité (ou pH). Si le terrain est acidifié, l'organisme va dépenser beaucoup d'énergie à rétablir son équilibre acido-basique.

On diminue donc les fromages, produits laitiers et viandes, car les protéines animales produisent des acides **forts** en se dégradant (acides traités par le rein, organe lent et coûteux en énergie).

De l'autre côté, on augmente les protéines végétales, qui produisent des acides **faibles** (acides traités par le poumon, organe rapide et efficace). D'où l'importance de bien respirer !

En pratique

- On fonce sur les aliments alcalinisants : légumes verts, bananes, dattes, herbes aromatiques fraîches ou déshydratées, etc.
- On augmente la portion de légumes et de fruits crus, globalement alcalinisants.
- On se calme sur le café, les sodas, les sucres, les céréales raffinées et l'alcool, qui sont acidifiants.
- On tente le zéro produits laitiers et zéro-viande pendant cette semaine !

Drainer les toxines

L'organisme s'encrasse progressivement si les toxines ne sont pas évacuées régulièrement par nos organes émonctoires : intestins, reins, peau et poumons. Un organisme encrassé fonctionne mal, s'acidifie et devient inflammatoire.

En pratique

- On boit beaucoup d'eau et de tisanes.
- On augmente les aliments détox et diurétiques : asperges, pissenlits, radis noir, artichauts, endives, persil, betteraves, carottes, etc.

Augmenter l'apport d'aliments anti-inflammatoires et antioxydants

Certains aliments contiennent des anti-inflammatoires naturels, comme la curcumine dans le curcuma.

Tous les fruits et légumes à chair colorée regorgent d'antioxydants : caroténoïdes de la carotte, flavonoïdes des agrumes, anthocyanes des myrtilles, resvératrol du raisin ou encore lycopène de la tomate, par exemple.

En pratique

- On découvre le cassis, le curcuma, le basilic et les graines de nigelle, aux vertus anti-inflammatoires, à ajouter à nos plats.
- Vive les assiettes colorées : fruits et légumes à chair colorée bourrés d'antioxydants.

LES CONSEILS NATURO

- Bien s'étirer le matin.
- Bouger, faire ses 10 000 pas par jour.
- Bien respirer (yoga, cohérence cardiaque, respiration profonde de temps en temps).

Ma feuille de route

Je fais le plein

Je privilégie les circuits courts, les aliments de saison et issus d'une agriculture bio ou raisonnée. J'essaie de toujours avoir dans mes placards :

- des boissons fermentées : kéfir, kombucha ;
- des légumes lactofermentés : betteraves, carottes, choux, etc. ;
- des poissons gras : maquereaux, sardines, harengs, etc. ;
- les bonnes huiles et les bonnes graines pour faire le plein d'oméga, notamment oméga-3 : huiles de colza, cameline, noix, etc. ; graines de lin, de chia, de tournesol, et noix en tous genres ;
- des fruits et légumes colorés : rouges, oranges, verts, violets ;
- des aliments détox : artichauts, radis noirs, céleris, endives, betteraves, persil ;
- du curcuma ;
- des feuilles de cassis, de reine des pré, d'ortie, etc. pour les tisanes ;
- de quoi remplacer les sucres : dattes, sirop d'érable (moins acidifiant).

Je vide mes placards

Je finis rapidement ce qu'il me reste et j'évite au maximum :

- les sucres raffinés (pâtes, pain, tous les biscuits, gâteaux, viennoiseries, sucre blanc...) ;
- les produits laitiers, viandes et charcuterie ;
- le café, l'alcool et les sodas qui acidifient.

Je retiens

- Je mets de la couleur dans mon assiette.
- Je soutiens mon microbiote : vive le lactofermenté !
- J'augmente les bonnes graisses : focus sur les oméga-3.
- J'ajoute des herbes et des épices.
- Je privilégie la cuisson douce.
- Je continue de bouger en respectant mes douleurs : minimum 20 minutes de marche tranquille par jour, en privilégiant des zones naturelles : forêts, parcs, rivières...
- Je privilégie une alimentation végétarienne pendant la semaine.
- Je gère mon stress : je pratique la cohérence cardiaque et je fais attention à mon sommeil ;
- J'arrête les fruits en fin de repas, mais je les consomme en dehors des repas.

Mon menu de la semaine

	MIDI	SOIR
LUNDI	Cococooning	Tarte antalgique
MARDI	L'or vert	Help me fish !
MERCREDI	Salade aïe aïe aïe	Potage cru
JEUDI	Dans les herbes folles	Le maq oméga
VENDREDI	Caviar du tsar	Le bobocal de Gaston
SAMEDI	Le maki saumon de Franck	L'artichaut se met au vert de Marek
DIMANCHE	Le marin qui chouchoute	Velouté antibobo

COCOCOONING

Riz thaï et ses crevettes coco

35 min 2

INGRÉDIENTS

- 100 g de riz thaï complet
- 12 crevettes
- 1 c. à s. de gingembre frais
- 1 citron vert
- 1 carotte moyenne
- 200 ml de lait de coco
- ¼ de c. à c. de curcuma
- ¼ de c. à c. de curry
- quelques brins de coriandre fraîche
- sel, poivre

RECETTE

1. Émincer très finement le gingembre. Décortiquer les crevettes et les faire mariner pendant 1 heure avec le jus du citron vert et le gingembre.
2. Rincer le riz 3 fois, jusqu'à ce que l'eau soit claire, et le laisser reposer 30 minutes dans une écumoire (repos optionnel).
3. Éplucher et râper la carotte, recueillir le zeste de la moitié du citron vert.
4. Dans une grande casserole, verser le riz dans 2,5 fois son volume d'eau avec le zeste, la carotte et 1 grosse pincée de sel.
5. Sans jamais ôter le couvercle (en verre de préférence, c'est plus facile !) : porter à ébullition, laisser bouillir 2 minutes, baisser le feu et laisser cuire 10 minutes, sortir du feu et laisser reposer encore 10 minutes.
6. Pendant ce temps, faire revenir les crevettes (avec le jus restant de la marinade si vous aimez le côté citronné) sur feu vif jusqu'à ce qu'elles soient colorées. Baisser le feu, verser le lait de coco, ajouter le curry et le curcuma, saler et poivrer. Laisser mijoter à petit feu pour que le lait de coco épaississe.
7. Placer le riz dans une assiette creuse, dresser les crevettes avec le jus et parsemer d'un peu de coriandre ciselée avant de servir.

Bon à savoir

Le lait de coco, outre le fait d'être une alternative au lait de vache, est riche en fibres et en minéraux tels que le fer, le sélénium, le calcium, le magnésium, le potassium et le phosphore. Le sélénium contenu dans le lait de coco lui confère une propriété antioxydante.

TARTE ANTALGIQUE

Un concentré d'anti-inflammatoires qui revisite la tarte !

1 h 6

INGRÉDIENTS

Le fond de tarte

- 120 g de couscous (de maïs ou de riz pour une version sans gluten)
- 240 ml de bouillon de légumes
- 1,5 c. à s. de curcuma

La garniture

- 1 grosse tête de brocoli (environ 350 g)
- 2 c. à s. de graines de sésame
- 1 c. à s. de pignons de pin
- 1 c. à c. de cumin en poudre
- 1 oignon
- 1 œuf (optionnel)
- 1,5 c. à s. d'huile de pépins de raisin ou d'olive
- 250 ml de crème d'amande
- sel, poivre
- huile d'olive

RECETTE

Le fond de tarte

1. Verser le couscous dans un saladier, faire bouillir le bouillon de légumes (fait maison ou avec un cube de bouillon bio) puis le verser sur le couscous. Incorporer le curcuma, poivrer, mélanger. Couvrir et laisser gonfler 7 minutes.
2. Huiler le moule à tarte et étaler le couscous au fond et sur les bords (environ 3 à 5 mm d'épaisseur) à la main. Passer les mains régulièrement sous l'eau froide pour éviter que le couscous ne colle aux doigts. Lisser puis réserver.

La garniture

3. Détailler le brocoli en bouquets et le faire cuire 5 min à la vapeur. Il doit rester légèrement croquant. Passer sous l'eau froide pour conserver sa belle couleur verte.
4. Dans une poêle, à sec, faire griller les graines de sésame jusqu'à ce qu'elles sautent, puis les pignons de pins.
5. Émincer l'oignon et le faire revenir 1 minute dans une poêle chaude avec l'huile. Ajouter le brocoli, saler, poivrer et laisser encore 1 minute.
6. Dans le mixeur, verser le brocoli, l'oignon, 1 c. à s. de graines de sésame, l'œuf, les pignons de pin et la crème d'amande. Mixer grossièrement. Verser sur la pâte, parsemer du reste des graines de sésame.
7. Enfourner pour 40 minutes à 180 °C.

Bon à savoir

Les crucifères (chou, brocoli, chou de Bruxelles, etc.) contiennent des substances appelées glucosinolates, aux puissantes propriétés anti-inflammatoires et antioxydantes. Le brocoli est un trésor de nutriments : antioxydants, vitamines, oligoéléments et minéraux.

L'OR VERT

Guacamole d'avocats bien pimenté

10 min · 2

INGRÉDIENTS

- 2 avocats bien mûrs
- 1 échalote
- 1 gousse d'ail
- jus d'1 citron
- 1 c. à c. de mélange 4 épices
- 1 c. à c. de curry
- 1 c. à c. de cumin
- piments (à doser selon votre goût) : piment doux, piment d'Espelette, poivre de cayenne, etc.
- sel, poivre

RECETTE

1. Écraser la chair des avocats à la fourchette dans un bol.
2. Au presse-ail, écraser l'échalote et la gousse d'ail. Incorporer aux avocats. Saler et poivrer.
3. Ajouter les épices, le piment et le jus de citron.

Servir avec une assiette de crudités : chou rouge émincé, bâtonnets de carotte, céleri, radis et un bol de quinoa pour les plus affamés.

Bon à savoir

D'origine mexicaine, l'avocat est riche en ccide oléique, qui augmenterait l'assimilation des caroténoïdes des légumes ; on n'hésite donc pas à tremper des bâtons de carotte dans notre guacamole ! L'ajout de piment apporte de la capsaïcine, molécule anti-inflammatoire.

HELP ME FISH !

Salade de pommes de terre et de harengs

20 min · 2

INGRÉDIENTS

- 4 filets de harengs fumés bio, sous vide ou en conserve
- 6 petites pommes de terre
- 2 petites tomates (facultatif, selon saison)
- ½ oignon rouge
- 1 petit bouquet de pourpier ou de roquette
- 3 gros cornichons russes ou câpres, selon votre goût
- jus d'1 citron
- huile d'olive
- sel
- quelques brins de persil

RECETTE

1. Faire cuire les pommes de terre à la vapeur.
2. Les laisser refroidir, puis les couper en cubes dans un saladier.
3. Émietter les filets de harengs, nettoyer la roquette ou le pourpier à l'eau vinaigrée, couper en dés les tomates et l'oignon.
4. Ajouter les filets de harengs, la roquette ou le pourpier, les tomates et l'oignon rouge aux pommes de terre.
5. Découper des rondelles de cornichons et les ajouter à la salade (ou les câpres en entier).
6. Arroser d'huile d'olive et de jus de citron à votre convenance. Goûter avant de resaler. Décorer avec les brins de persil.

« *Du hareng dans le pays, le médecin s'ennuie.* »

Proverbe hollandais

Bon à savoir

Le hareng est votre allié naturel antidouleur. Riche en oméga-3 anti-inflammatoires, il est aussi très riche en sélénium, oligoélément antioxydant.

SALADE AÏE AÏE AÏE

Salade de chou

15 min · 2

INGRÉDIENTS

La salade

- ½ chou rouge
- 2 pommes
- 1 petite poignée de raisins secs
- 1 avocat (facultatif)
- 20 noix
- ½ grenade
- 1 bouquet d'herbes au choix : persil, menthe, coriandre

La vinaigrette

- 3 c. à s. d'huile de noix
- 1 c. à s. de vinaigre de cidre
- sel, poivre

RECETTE

1. Faire tremper les raisins secs dans un bol d'eau pour les ramollir.
2. Détailler le chou rouge en lamelles à la mandoline.
3. Éplucher les pommes. Découper les pommes et l'avocat en cubes.
4. Dans un saladier, mélanger le chou, les pommes, l'avocat, les noix en cerneaux, les raisins secs égouttés et les grains de grenade. Ciseler les herbes sur le dessus.
5. Mélanger tous les ingrédients de la vinaigette. Assaisonner la salade et déguster.

Bon à savoir

Le plein d'antioxydants avec le chou rouge et la grenade ! Salade basifiante et anti-inflammatoire avec les oméga-3 contenus dans les noix et l'huile de noix. C'est *la* salade antidouleur !

POTAGE CRU

Cru – basifiant – original

Inspiré des soupes crues d'Irène Grosjean

5 min | 2

INGRÉDIENTS

La base des potages crus

- ½ avocat
- ½ oignon
- ½ gousse d'ail
- 1 bouillon bio
- 1 c. à s. de purée d'amandes complètes ou de sésame (facultatif, apporte de la texture et du fondant)

Au choix pour varier les plaisirs

- 400 g d'épinards, de cresson, d'orties ou de poivrons

RECETTE

◆ Mixer les ingrédients crus au blender en ajoutant de l'eau chaude jusqu'à obtention de la consistance souhaitée.

À déguster seul ou accompagné d'un granola salé fait maison (voir recette p. 30).

Bon à savoir

Prête en quelques minutes, cette soupe onctueuse avec l'avocat et la purée d'oléagineux permet de conserver les vitamines et minéraux des légumes.

DANS LES HERBES FOLLES

Salade verte, verte, verte

15 min — 2

INGRÉDIENTS

- 2 œufs
- 1 bouquet de mâche
- 100 g de mesclun
- 100 g de roquette
- ¼ de bouquet de persil
- ¼ de bouquet de coriandre
- 6 feuilles de basilic
- 2 branches d'estragon
- 10 brins de ciboulette
- 1 c. à s. d'huile d'olive
- jus de citron

RECETTE

1. Faire cuire les œufs mollets (5 à 6 minutes après ébullition). Refroidir et réserver.
2. Laver et essorer les herbes et salades, puis les mélanger dans un saladier.
3. Saler et poivrer. Arroser d'un filet d'huile d'olive et de jus de citron à votre convenance.
4. Disposer les œufs sur la salade.

À déguster avec une tranche de pain aux noix.

Bon à savoir

Les herbes aromatiques sont globalement basifiantes et luttent contre l'acidité. Le jaune coulant de l'œuf préserve les précieux phospholipides qu'il contient.

LE MAQ OMÉGA

Maquereaux marinés maison

20 min · 48 h · 2

INGRÉDIENTS

La marinade

- 4 maquereaux détaillés en filets par le poissonnier
- 1 échalote
- ½ oignon
- 1 poireau
- 2 petites carottes
- ½ citron bio
- herbes : estragon, thym, persil, au choix
- ½ c. à c. de grains de poivre
- ½ c. à c. de graines de coriandre
- 10 cl de vin blanc
- 10 cl de vinaigre de cidre

L'accompagnement

- 2 ou 3 pommes de terre
- salade verte

RECETTE

1. Découper l'échalote, l'oignon, le poireau et les carottes en petits tronçons.
2. Les mettre dans une casserole avec le poivre, les graines de coriandre et le mélange vin blanc et vinaigre de cidre. Porter à petite ébullition une dizaine de minutes.
3. Dans une terrine, disposer les filets de maquereaux sans les superposer.
4. Verser le liquide bouillant sur les filets, jusqu'à les recouvrir. Ajouter les herbes fraîches et les rondelles de citron.
5. Laisser refroidir à température ambiante puis laisser mariner 48 heures au frigo.
6. Servir avec les pommes de terre vapeur et une salade.

Bon à savoir

Les petits poissons gras comme le maquereau sont très riches en oméga-3, dont nous manquons cruellement. La cuisson lente de ces poissons par macération dans le vinaigre permet de préserver les précieux oligoéléments qu'ils renferment.

CAVIAR DU TSAR

Champignons à la russe

10 min 2

INGRÉDIENTS

- 12 gros champignons de Paris
- 1 gousse d'ail
- ½ échalote
- 2 c. à s. d'huile d'olive
- 1 c. à s. de vinaigre balsamique
- 1 œuf
- sel, poivre
- quelques légumes de saison : carottes, concombres, radis noir, etc.

RECETTE

1. Mettez de l'eau à bouillir dans une casserole. À ébullition, y plonger l'œuf délicatement. Au bout d'une minute maximum, ajouter les champignons.
2. Après 5 minutes, égoutter et immédiatement plonger l'œuf dans un bol d'eau glacée pour stopper la cuisson.
3. Pendant la cuisson, détailler les légumes de saison en bâtonnets.
4. Jeter les champignons et l'œuf dans un mixeur avec l'ail, l'échalote, l'huile d'olive et le vinaigre. Mixer jusqu'à obtention d'une texture légèrement granuleuse et assaisonner.

Plongez les bâtonnets de légumes dans le caviar et savourez !
À déguster aussi avec des blinis ou pancakes au sarrasin et aux herbes (recette p. 119).

Bon à savoir

Le champignon de Paris est peu calorique, économique et plein de vertus : il est riche en fibres, en vitamines et en oligoéléments, notamment en sélénium. Il est aussi intéressant cru que cuit !

Frédéric
Capucine
et Gaston

LE BOBOCAL

Salade de maquereaux à la japonaise

40 min - 2 à 3 h | 2

INGRÉDIENTS

La marinade

- 50 cl de vinaigre de riz
- 60 g de sucre en poudre
- 120 g de gros sel
- 10 g de sel fin

La salade

- 8 filets de maquereaux
- 150 g de haricots plats
- 150 g de carottes
- une dizaine de sommités de brocoli
- 150 g de lentins du chêne (ou shiitakes)
- ½ oignon rouge
- 10 g de gingembre haché
- ½ botte de coriandre fraîche
- 1 branche de citronnelle fraîche
- 1 gousse d'ail frais
- 5 g de sucre de canne
- 50 cl de mirin
- 2 cl d'huile de sésame
- 3,5 cl de tamari
- 7 cl de *sweet* piment thaï
- jus d'1 citron vert
- graines de sésame et de tournesol
- quelques pousses de soja (facultatif)
- quelques pousses de betterave

RECETTE

Préparation des maquereaux

1. Placer les filets de maquereaux dans un plat avec le gros sel, mélanger pour bien les enrober. Allonger les filets sur une grille, les laisser dégorger entre 30 minutes et 1 heure. Rincer les filets sous l'eau froide, les éponger avec un papier absorbant.
2. Dans un saladier, mélanger le sel fin, le sucre en poudre et le vinaigre de riz. Y plonger les filets de maquereaux, laisser mariner 1 à 2 heures. Égoutter puis éponger les filets.
3. Retirer délicatement la membrane côté peau en partant de la tête. Tailler les filets en biseau de 1,5 cm puis réserver au frais.

La salade

4. Laver puis tailler les haricots plats et les carottes en biseau. Laver et détailler les brocolis en sommités.
5. Faire chauffer une casserole d'eau salée bouillante. Commencer par cuire les carottes, vérifier la cuisson et débarrasser dans de l'eau glacée. Quand l'eau bout à nouveau, ajouter du gros sel et faire cuire successivement les haricots puis les brocolis en débarrassant à chaque fois dans de l'eau glacée. Égoutter, mélanger les légumes et les réserver au frais. Préférer une cuisson croquante des légumes.
6. Émincer les lentins du chêne et les cuire soit à la vapeur, soit dans une casserole avec un mini fond d'eau jusqu'à évaporation.
7. Éplucher et émincer finement l'oignon rouge, l'ail, la citronnelle et le gingembre. Laver, égoutter et hacher la coriandre.
8. Dans un bol, verser le tamari, le sucre de canne, le mirin, le jus de citron, le *sweet* piment thaï. Ajouter la coriandre, l'oignon rouge, l'ail, la citronnelle et le gingembre. Assaisonner le mélange de légumes avec une partie de la sauce. Rectifier l'assaisonnement.
9. Assaisonner les lamelles de maquereaux avec la même sauce.

Le dressage

10 Disposer le mélange de légumes au fond d'un petit bocal et déposer les lamelles de poisson au-dessus. Parsemer la salade de graines de sésame et de tournesol, ajouter quelques pousses de betteraves et de soja.

Ajoutez quelques champignons enoki pour la décoration.

Bon à savoir

Les pousses de légumes, ou graines germées, regorgent de tous les nutriments nécessaires à la future plante. À ajouter dans vos salades à volonté, elles ont tout bon et rendent vivante votre alimentation !

Franck
Le Canut et les Gones

LE MAKI SAUMON

Maki de saumon et ses multiples accompagnements

1 h 15 · 6

INGRÉDIENTS

Le maki

- 1 saumon de 1,5 kg
- huile de noisettes grillées
- 1 petit chou rouge
- 200 g d'épinards équeutés
- 1 avocat
- algues nori
- coulis de cassis
- pain aux céréales
- feuilles de livèche et de menthe, ail des ours
- huile d'olive
- jus d'1 citron
- 2 cubes miso
- fleur de sel
- poivre blanc
- curcuma
- 20 g de gingembre
- miel d'acacia
- quelques brins d'aneth et quelques feuilles ciselées de sauge
- graines de chia

La décoration

- grenade
- fleur de ciboulette
- fleur d'ail des ours

RECETTE

Le saumon

1. Découper le cœur de saumon dans la longueur en 6 pavés de 70 g (5 x 5 x 5 cm). Mettre dans un plat et arroser de l'huile de noisette grillée, parsemer de sauge et d'aneth, assaisonner avec le sel et le poivre.
2. Prendre le reste du saumon, le mettre dans un plat avec de l'huile d'olive, de l'aneth et de la sauge.
3. Enfourner les deux plats à 70 °C pendant 25 min. Sortir les pavés et réserver au frais ; laisser l'autre plat à 180 °C pendant 15 minutes, puis écraser le reste du saumon à la fourchette pour avoir un effiloché moelleux.

Les légumes

4. Effeuiller le chou rouge et faire cuire les meilleures feuilles dans un 1 l de bouillon de miso. Les refroidir à l'eau glacée une fois cuites.
5. Émincer finement le reste de chou rouge et le mélanger avec le curcuma, le gingembre râpé, du sel, du poivre et de l'huile de noisette grillée. Réserver au frais.
6. Couper l'avocat en cubes. Citronner, saler, poivrer et réserver au frais.
7. Faire tomber les épinards dans l'huile d'olive, avec du sel et du poivre. Réserver au frais.

Le maki

8. Étaler les feuilles de chou rouge bien égouttées et essuyées. Garnir avec l'effiloché de saumon, l'épinard, l'avocat, le chou rouge émincé et assaisonné et finir avec les algues parsemées dessus.
9. Rouler dans un film alimentaire et serrer pour faire un boudin. Réserver.

Le pesto d'herbes

10 Dans un blender, mettre une poignée de livèche, une d'ail des ours et une de menthe, une pointe de miel d'acacia, du pain grillé, de l'huile d'olive, du sel et du poivre.

11 Mixer pour obtenir une pâte d'aspect pesto.

Le dressage

12 Enduire une face de pavé de saumon d'huile de noisette et la déposer dans les graines de chia qui viendront y adhérer.

13 Couper le maki en 6 pièces.

14 Sur chaque assiette plate, disposer un pavé de saumon. Ajouter un tronçon de maki posé sur la tranche, une cuillère de pesto, une petite cuillère de coulis de cassis et les graines de grenade. Décorer avec de l'aneth, de la sauge et des fleurs.

Marek
Copper Roots

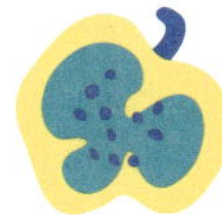

L'ARTICHAUT SE MET AU VERT

Artichaut et bouillon de spiruline

45 min · 2

INGRÉDIENTS

- 1 oignon
- 1 grosse carotte
- 4 artichauts poivrade ou violets
- 1 gousse d'ail
- 1 branche de thym
- 1 branche de verveine
- le jus d'½ citron
- 2 c. à c. de spiruline en paillettes ou en poudre
- radis ou autres légumes de saison
- 1 botte de persil plat

RECETTE

1. Tourner les artichauts et les faire suer dans une casserole avec l'oignon et la carotte découpés en gros dés, sans matière grasse.
2. Déglacer avec le jus de citron, mouiller à hauteur avec de l'eau et ajouter la spiruline, la branche de thym et celle de verveine. Laisser cuire 25 minutes.
3. Faire blanchir le persil à l'anglaise, refroidir à l'eau glacée et mixer au blender.
4. Disposer la purée de persil dans l'artichaut, verser le bouillon dessus.
5. Décorer avec des lamelles de radis et autres légumes de saison crus. Terminer avec des feuilles de persil plat.

Bon à savoir

La spiruline est une microalgue riche en acide gamma-linolénique, qui lui confère des vertus intéressantes pour les pathologies inflammatoires. Le persil est riche en flavonoïdes et surtout en eugénol, un puissant anti-inflammatoire naturel.

LE MARIN QUI CHOUCHOUTE

Choucroute de la mer

25 min · 2

INGRÉDIENTS

- 200 g de choucroute cuite
- 2 pommes de terre
- ½ portion de cabillaud ou de lotte
- 50 g de crevettes
- 5 moules
- ½ bouquet de persil
- ½ oignon
- 1 petite gousse d'ail
- 1 petite carotte
- 1 petit poireau
- ½ bouquet garni
- 50 ml de vinaigre de cidre

RECETTE

1. Découper la carotte, le poireau et l'oignon en gros dés.
2. Dans le récipient du bas du cuit-vapeur, mélanger le vinaigre, le bouquet garni, les dés de légumes et l'ail, et ajouter un verre d'eau.
3. Dans le panier vapeur, mettre les poissons, les crevettes et les moules. Cuire à la vapeur jusqu'à ce que les moules s'ouvrent et que les poissons soient cuits. Réserver une partie du bouillon restant.
4. Faire cuire les pommes de terre à la vapeur séparément.
5. Bien rincer la choucroute et la réchauffer dans une casserole avec un filet d'huile d'olive.
6. Servir la choucroute chaude, les pommes de terre, les poissons et les crustacés. Émincer le persil sur l'ensemble.Arroser avec le bouillon restant.

Bon à savoir

L'apport en probiotiques naturels, avec le chou fermenté, diminue le terrain inflammatoire. Le vinaigre de cidre présente une haute teneur en sels minéraux différents tels que le calcium, le phosphore ou encore le fer.

VELOUTÉ ANTIBOBO

Soupe basifiante anti-inflammatoire

20 min — 2

INGRÉDIENTS

- ½ patate douce
- ½ potimarron ou courge
- 1 petite carotte
- 2 gousses d'ail
- ½ oignon
- 1,5 cm de racine de curcuma
- 1,5 cm de racine de gingembre
- sel, poivre noir

RECETTE

1. Découper la carotte en rondelles fines et le reste des légumes en tronçons grossiers.
2. Faire cuire à la vapeur tous les légumes sauf la carotte jusqu'à qu'ils soient *al dente*.
3. Mixer avec l'eau de cuisson ou de l'eau chaude, en ajoutant la carotte crue au moment du mixage.
4. Saler et poivrer.

Ajouter éventuellement une pointe de lait de coco pour adoucir.

Bon à savoir

Le gingembre est utilisé depuis des siècles comme plante médicinale. Il contient une quarantaine de composants antioxydants et il est également riche en composés anti-inflammatoires, notamment en gingérols. Pour relever les plats salés ou sucrés, vous pouvez le consommer cru comme cuit, la cuisson révèle même certains de ses antioxydants. Associé à l'ail ou l'oignon (ici, les deux !), son action antioxydante est renforcée !

Petit déjeuner

Encas/dessert

Boisson

petit déjeuner

LES PANCAKES DU POTAGER

Pancakes aux herbes et sans lait de vache

15 min + 1 h de repos | 4

INGRÉDIENTS

Pour 15 pancakes

- 15 cl de lait végétal
- 1 œuf
- 50 g de farine T55
- 50 g de farine de sarrasin
- ½ sachet de levure chimique
- 1 bouquet d'herbes aromatiques fraîches de votre choix : cerfeuil, menthe, persil, coriandre...
- sel
- huile d'olive

RECETTE

1. Battre l'œuf en omelette, ajouter le lait végétal, puis incorporer délicatement les farines et la levure. Ajouter une pincée de sel.
2. Ciseler finement les herbes au dernier moment, puis les ajouter à la pâte. Laisser reposer la pâte pendant 1 heure.
3. Dans une poêle bien chaude et graissée avec un peu d'huile d'olive, verser une louche de pâte en un petit cercle. Retourner quand ces bulles commencent à se former à la surface.

Bon à savoir

Les herbes aromatiques fraîches sont basifiantes et luttent contre le terrain acide qui accompagne l'inflammation.

Petit déjeuner

TARTINES ANTIROUILLE

Tartines chèvre-avocat

15 min · 2

INGRÉDIENTS

- 1 avocat
- 1 grenade
- huile de chanvre ou de noix
- ½ petit fromage de chèvre frais de saison
- 2 tranches de pain semi-complet
- sel, poivre

RECETTE

1. Découper l'avocat en tranches et égrainer la grenade.
2. Sur chaque tranche de pain, verser un filet d'huile, tartiner le fromage de chèvre frais, saler et poivrer, puis ajouter les tranches d'avocat et les graines de grenade.

À déguster avec un thé vert, source d'antioxydants.

Bon à savoir

Attention, les fromages de chèvre doivent être produits de mars à octobre pour respecter le rythme saisonnier des naissances.

L'huile de chanvre et l'huile de noix font partie des huiles bienfaisantes riches en oméga-3. À choisir en première pression à froid et issue d'une agriculture biologique, et à toujours utiliser pour de l'assaisonnement froid. Ne pas les chauffer.

Petit déjeuner

CHIA COCO CÂLINE

Chia pudding

5 min | 12 h | 2

INGRÉDIENTS

- 2 c. à s. de graines de chia
- 20 cl de lait de coco
- 1 c. à s. de sirop d'agave, de coco ou d'érable
- fruits frais de saison
- 1 feuille de menthe

RECETTE

1. La veille, dans un saladier, verser le lait de coco, ajouter le sirop choisi et les graines de chia. Mélanger pour que les graines de chia se répartissent de manière homogène, puis verser dans des ramequins. Réserver la nuit au frigo.
2. Avant de consommer, ajouter des fruits frais de saison et une feuille de menthe pour décorer.

Bon à savoir

Les graines de chia sont issues d'une plante herbacée mexicaine cousine de la sauge. Riches en fibres, elles sont surtout une excellente source végétale d'oméga-3, ce qui en fait un aliment anti-inflammatoire de choix, facile à intégrer dans votre alimentation.

Petit déjeuner

LE MIAM Ô PAS FRUITS

D'à peu près France Guillain

5 min | 2

INGRÉDIENTS

- 1 ou 2 bananes selon la taille
- 1 c. à s. d'huiles riches en oméga-3 (colza, lin, cameline, noix...)
- 1 c. à s. de Super Powder (voir p. 156)
- jus d'½ citron
- 3 c. à s. de flocons d'avoine

RECETTE

1. Écraser la banane, incorporer l'huile, le jus de citron et les graines moulues.
2. Ajouter les flocons d'avoine et mélanger.

Bon à savoir

Ce petit déjeuner a tout juste : banane riche en vitamine C et minéraux, notamment en magnésium ; bons apports en oméga-3 avec l'huile et les graines. Nous ne conseillons pas l'ajout de fruits le matin, pour l'acidité et la glycémie globale qu'ils apporteraient.

Dessert

L'INCROYABLE GÂTEAU CRU AU CHOCOLAT

Cru, sans œufs et sans beurre !

10 min · 2 h · 4

INGRÉDIENTS

Le gâteau

- 20 dattes dénoyautées
- 50 noix de cajou ou de Grenoble
- 4 c. à s. de cacao en poudre
- 2 c. à s. de lait de coco

Le glaçage

- 1 tablette de chocolat noir à 70 % de cacao
- 1 c. à s. d'huile de coco
- copeaux de noix de coco ou noix de coco râpée

RECETTE

1. Dans un blender, mixer les noix de cajou, les dattes, le cacao et le lait de coco. Répartir le mélange dans un moule siliconé ou en verre.
2. Préparer le glaçage au bain-marie en faisant fondre le chocolat et l'huile de coco. Répartir le glaçage refroidi sur la préparation dans le moule.
3. Réserver au frigo au moins deux heures.
4. Démouler au dernier moment. Décorer avec les copeaux de noix de coco.

À noter : le gâteau ne gonfle pas et reste peu épais, ça n'enlève rien à sa gourmandise !

Bon à savoir

Pas de sucres ajoutés pour ce gâteau hyper gourmand, sans cuisson et riche en bonnes graisses ! C'est aussi le plein d'antioxydants avec le cacao, très riche en polyphénols.

Boisson

PHILTRE DES TAMALOU

Golden latte : curcuma, mon ami

5 min 2

INGRÉDIENTS

- 200 ml de lait végétal
- 1 c. à c. de curcuma râpé
- ½ c. à c. de cannelle en poudre
- ¼ c. à c. de gingembre râpé
- 1 c. à c. de miel ou de sirop de coco
- 1 c. à c. d'huile de coco
- 1 tour de moulin de poivre noir

RECETTE

1. Faire chauffer le lait à feu doux. Couper le feu avant l'ébullition.
2. Hors du feu, ajouter les épices, l'huile de coco, le poivre et le miel.
Bien mélanger, au fouet si nécessaire.

Déguster chaud.

Bon à savoir

Le curcuma, grâce à la curcumine qu'il contient, est anti-inflammatoire. Cette curcumine est par contre difficile à assimiler par l'organisme, mais la pipérine contenue dans le poivre augmente cette assimilation. Il est donc important de ne pas oublier le tour de moulin de poivre !

Boisson

BULLES DE FRUITS

Boisson fermentée : kéfir

10 min + 2 à 3 j de repos | 1 l

INGRÉDIENTS

- 3 c. à s. de grains de kéfir
- 1 petite tasse de rapadura (sucre complet)
- 2 figues sèches ou 1 poignée de raisins secs ou 4 abricots secs ou 5 dattes sèches ou un mélange des 4
- ½ citron bio

RECETTE

1. Dans un bocal de 1,5 litre, mettre les grains de kéfir, les figues ou fruits secs, le citron, le sucre et remplir d'eau.
2. Fermer le bocal hermétiquement et attendre 1 à 3 jours que les fruits remontent à la surface. Ouvrir le couvercle une fois par jour pour libérer les gaz de fermentation.
3. Filtrer au chinois.

À conserver au frigo et à consommer dans les deux à trois jours.

Bon à savoir

Appelé « champagne du Caucase », le kéfir est connu et utilisé pour ses vertus digestives depuis des millénaires par les Russes. Riche en probiotiques naturels, c'est une boisson vivante.

Boisson

TISANES ANTIDOULEURS

Mélange de plantes

5 à 7min 2

INGRÉDIENTS

Pour leurs actions anti-inflammatoires et antidouleurs naturelles

- reine des prés
- cassis
- ortie
- pissenlit
- saule

RECETTE

1. Mettre une cuillère à café de plantes séchées (2 g) par tasse, verser de l'eau frémissante (85-95 °C) sur le mélange et laisser infuser 5 à 7 minutes.
2. Boire à plusieurs moments de la journée (au moins 3 tasses par jour), au moins 1 h 30 après les repas. Édulcorer au miel si besoin.

Privilégier des plantes bio, feuilles entières, plutôt que des brisures, pour conserver toutes leurs vertus. Vous pouvez choisir un minimum de 3 plantes.

Boisson

LE SMOOTHIE QUI GUÉRIT

Smoothie anti-inflammatoire

5 min 2

INGRÉDIENTS

- 1 tasse de chou frisé
- 1 petite betterave crue pelée et hachée
- 1 tasse d'eau ou d'eau de coco
- 1 orange
- 2 tasses de baies mélangées (myrtilles, cassis, mûres...) fraîches ou congelées
- 1 tasse d'ananas frais ou congelé
- 1 c. à s. de gingembre frais râpé ou haché
- 1 c. à s. d'huile de coco

RECETTE

1. Peler l'orange.
2. Placer le chou frisé, la betterave, l'eau et l'orange dans un blender et mixer jusqu'à obtention d'une consistance lisse.
3. Ajouter les ingrédients restants et mixer à nouveau.

Boire sans attendre.

Bon à savoir

Ce smoothie est un concentré de substances anti-inflammatoires : crucifères, légumes crus, coco, baies rouges, ananas et gingembre, et il est chargé de vitamines, de minéraux, de fibres et de goût !

LA FATIGUE

Les pieds qui traînent, le moral dans les chaussettes, l'envie d'être sous les palmiers avec un magazine et de ne plus jamais entendre prononcer votre prénom ? Pas de doute, vous êtes crevé·e, rincé·e, épuisé·e, lessivé·e, claqué·e – fatigué·e, quoi ! Nous nous occupons de vous : en choisissant les bons aliments et en les consommant au bon moment, il sera plus facile d'attendre les prochaines vacances... Comment ? Quand ? Où ? À quelle heure ? Prenez votre liste de courses, filez au marché tant qu'il vous reste un soupçon d'énergie et laissez-vous guider...

Objectifs

Augmenter les apports en vitamines et oligoéléments

Le corps, pour fonctionner à plein régime, ne doit manquer d'aucun de ces éléments. En effet, chacune des réactions chimiques dans le corps utilise une vitamine ou un oligoélément. Cependant, certains ne sont pas fabriqués par notre organisme, ils doivent donc impérativement être apportés par l'alimentation.

En pratique

- Vive le cru pour préserver ces précieux éléments ! On se rue sur les fruits et légumes crus de saison, issus d'une agriculture raisonnée ou bio et locale pour éviter la déperdition de nutriments par les traitements, le stockage ou le voyage.

Épargner le système digestif pour augmenter l'énergie

La digestion, notamment celle des protéines animales, est coûteuse en énergie. On limite nos apports en viande et en produits laitiers pour mettre au repos le système digestif et gagner en énergie.

En pratique

- Éviter les laitages et les viandes.

Réduire les sucres et aliments raffinés

Supposés rassasiants, ces aliments dépourvus de leurs fibres naturelles n'ont aucun nutriment intéressant pour l'énergie. Ce sont des sucres rapides, qui fournissent une énergie fugace et ne sont pas rassasiants. Le sucre appelle le sucre et ne fournit pas une énergie durable.

En pratique

- On arrête les calories vides : pain, pâtes, riz blanc et céréales raffinées dépourvus de nutriments.
- *Basta* les pâtisseries, viennoiseries, confiseries...
- Attention aux sodas et jus de fruits trop sucrés.

Favoriser les aliments riches en tyrosine

La tyrosine est un acide aminé contenu dans les protéines. C'est un précurseur de la dopamine, l'hormone du réveil qui intervient le matin. Augmenter les apports en tyrosine fournit le matériel nécessaire pour synthétiser plus de dopamine et être plus réactif !

En pratique

- On fait un vrai petit déj protéiné : œuf, pain complet, porridge, etc.

Drainer les toxines

Un corps débarrassé de ses toxines gagne en énergie. Désencrassé, le moteur tourne mieux !

En pratique

- Boire beaucoup : eau, tisanes, thé.
- Oui aux aliments détox et diurétiques : asperges, pissenlits, radis noir, artichaut...

Dîner tôt et léger pour bien dormir

Un bon sommeil est la clé d'une journée sans fatigue. On s'endort mieux 2 à 3 heures après le dîner et si le repas n'est pas chargé en aliments difficiles à digérer.

En pratique

- Vive les soupes et les repas légers le soir !

Augmenter les apports des aliments dynamisants

Certains aliments sont plus riches en vitamines et minéraux. C'est le cas des superfruits et des algues. Les racines de ginseng sont riches en ginsenosides, qui sont dynamisants.

En pratique

- On aime le ginseng.
- On goûte à la spiruline et au pollen de fleurs (chez les apiculteurs ou en magasins bio).
- On fait le plein des superfruits (goji, açai, grenade...).

LES CONSEILS NATURO

* On garde une activité physique douce, plutôt le matin. Le soir, on ne rate pas son premier train de sommeil : aux premiers bâillements, on file au lit !
* On ne multiplie pas les activités et on respecte son manque d'énergie. On hiérarchise ses priorités et on renonce au superflu (apéro de trop, heures sup. non prévues, excès de sport, etc.).

Ma feuille de route

Je fais le plein

Je privilégie les circuits courts, les aliments de saison et issus d'une agriculture bio ou raisonnée. J'essaie de toujours avoir dans mes placards :

- des fruits et légumes de toutes les couleurs, des crudités ;
- des superaliments : ginseng, spiruline, goji, açai, grenade, gingembre, pollen, etc. ;
- des aliments détox : artichaut, radis noir, salade, etc.

Je vide mes placards

Je finis rapidement ce qu'il me reste et j'évite au maximum :

- les sucres rapides, pâtisseries, sodas, jus de fruits, pain et riz blancs, pâtes et farines blanches ;
- les viandes rouges et la charcuterie.

J'arrête complètement les laitages : lait, desserts lactés, crème, beurre et fromages. Pour la semaine seulement, pas de panique !

Je retiens

- Je privilégie la cuisson douce.
- Je mange plus d'aliments crus.
- Je m'hydrate tout au long de la journée.
- Je ralentis le rythme et privilégie repos et sommeil pour revenir en pleine forme !
- Je ne zappe pas le petit déjeuner.

Mon menu de la semaine

	MIDI	SOIR
LUNDI	Spaghetti punchy	Soupe dynamite
MARDI	Salade boost	Poulettes toniques
MERCREDI	Gremolata, la power powder	Super fenouil
JEUDI	Vita'curry	Soupe de petits pois pep's
VENDREDI	Energy bowl	Ragoût chou-coco
SAMEDI	Falafolie	Risotto d'Hubert
DIMANCHE	Artichaut des voraces de Cédric	Taboulénergie

SPAGHETTI PUNCHY

Version végétalienne et crue des pâtes au pesto

20 min — 2

INGRÉDIENTS

- 30 g de pignons de pin
- 1 avocat
- 20 ml de jus de citron
- 20 ml d'huile d'olive
- 2 gousses d'ail
- 15 feuilles de basilic
- 2 courgettes moyennes
- 50 g de tomates cerises
- sel et poivre du moulin
- zeste de citron ou citron vert haché (optionnel)

RECETTE

1. Dans une poêle bien chaude, faire griller les pignons à sec jusqu'à ce qu'ils soient dorés.
2. Mixer la chair de l'avocat, les pignons, le jus de citron, l'huile d'olive, l'ail et le basilic.
3. Peler les courgettes, puis les tailler en spaghetti avec une mandoline ou un couteau à julienne.
4. Laver les tomates cerises, puis les couper en deux.
5. Mélanger la sauce, les spaghettis et les tomates dans un saladier, saler, poivrer, ajouter des zestes de citron.

Bon à savoir

L'avocat, le basilic et la courgette, aliments basifiants, luttent contre l'acidité du terrain, qui fatigue les organismes.

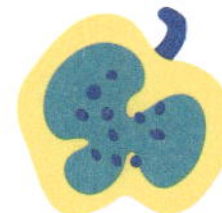

SOUPE DYNAMITE

Soupe vitaminée au jus d'orange

25 min | 2

INGRÉDIENTS

- 3 carottes
- 1 petit oignon
- ½ pomme de terre
- ½ orange bio
- 2 bonnes pincées de cumin
- persil
- lait de coco (facultatif)

RECETTE

1. Découper en tronçons les carottes, la pomme de terre et l'oignon. Ajouter le zeste de l'orange et cuire le tout 15 minutes à la vapeur.
2. Dans un blender, mixer les légumes cuits avec de l'eau de cuisson ou de l'eau chaude et le jus de l'orange pour obtenir la consistance désirée. Assaisonner avec sel, poivre et le cumin. Remixer.
3. Ajouter éventuellement du lait de coco pour adoucir la soupe et mixer à nouveau.
4. Au moment de servir, ajouter un peu de zeste d'orange et quelques feuilles de persil.

Bon à savoir

Le jus d'orange, ajouté à la fin, apporte la vitamine C qui serait détruite par la cuisson.

SALADE BOOST

Carottes-cajou-piment d'Espelette

10 min 2

INGRÉDIENTS

La salade

- 3 carottes nouvelles
- 1 poignée de noix de cajou
- ½ bouquet de coriandre ou de persil plat
- 1 petite pincée de piment d'Espelette
- ½ c. à c. de cumin

L'assaisonnement

- 1 c. à s. d'huile d'olive
- 2 c. à c. d'huile de colza
- 2 c. à c. de vinaigre balsamique
- sel, poivre

RECETTE

1. Râper les carottes. Hacher grossièrement les noix de cajou et les herbes au mixeur.
2. Mélanger les carottes, les noix de cajou, les herbes et les épices. Assaisonner.

Déguster immédiatement, bien frais, pour absorber un maximum de la vitamine C des carottes et des herbes.

Bon à savoir

La carotte vous apporte du bêta-carotène antioxydant, et la noix de cajou est un trésor de vitamines et de minéraux.

POULETTES TONIQUES

Brochettes de poulet au gingembre

30 min | 2

INGRÉDIENTS

- 400 g d'aiguillettes de poulet
- 2 cm de racine de gingembre frais
- 1 c. à s. de curry
- 1 gousse d'ail
- 1 oignon ou 1 échalote
- 2 c. à s. de sauce tamari

MATÉRIEL

- piques en bois de 15-20 cm

RECETTE

1. Faire tremper les piques en bois ou en bambou dans de l'eau.
2. Au robot, émincer finement l'oignon, le gingembre et la gousse d'ail. Mélanger le tout dans un saladier et ajouter la sauce tamari et le curry. Laisser mariner les aiguillettes de poulet dans le mélange pendant 20 minutes environ.
3. Préchauffer le four à 200 °C. Pendant ce temps, enfiler les lanières de poulet sur les piques, les disposer sur une plaque recouverte de papier cuisson. Enfourner 5 à 7 minutes.

Servir avec du riz complet ou un curry de légumes.

Bon à savoir

Le gingembre, racine précieuse, est thermogène, elle donne l'impression de feu grâce à son gingérol (comparable aux capsaïcines du piment). Elle booste le métabolisme et tonifie l'organisme.

GREMOLATA, LA POWER POWDER

Le condiment fraîcheur qui twiste vos plats

10 min 2

INGRÉDIENTS

Pour un plat

- 1 gousse d'ail
- 1 bouquet de persil plat
- 1 à 2 oranges bio
- 1 à 2 citrons bio
- sel, poivre, huile d'olive (facultatif)

RECETTE

1. Bien rincer les oranges et les citrons, puis en détailler les zestes.
2. Hacher finement et séparément le persil et l'ail.
3. Mélanger dans un bol les 3 préparations à parts égales.
4. Vous pouvez assaisonner avec sel, poivre et huile d'olive, mais c'est facultatif !

La gremolata accompagne historiquement l'osso buco, mais elle est excellente sur un poisson blanc vapeur, un riz sauvage ou des pâtes semi-complètes...

Bon à savoir

C'est le plein de vitamine C avec les zestes d'agrumes et le persil. À préparer au dernier moment pour préserver la vitamine C.

SUPER FENOUIL

Salade de fenouil et roquefort

10 min · 1 h · 2

INGRÉDIENTS

- 2 petits fenouils frais
- 50 g de roquefort
- ½ poignée de pignons de pin
- huile d'olive
- vinaigre balsamique ou jus de citron
- poivre

RECETTE

1. Enlever le cœur dur des fenouils, les détailler en lamelles fines à la mandoline.
2. Couper le roquefort en dés. Ajouter le roquefort et les pignons au fenouil.
3. Assaisonner avec l'huile d'olive et le vinaigre. Poivrer. Réserver au frais pendant une heure.

Bon à savoir

Riche en vitamine C, E et en bêta-carotène, le fenouil est aussi source de fer et de magnésium. Très riche en substances carminatives (qui aident à digérer), il est votre allié légèreté et forme !

VITA'CURRY

Curry de lentilles corail

35 min | 2

INGRÉDIENTS

- ½ oignon
- 100 g de lentilles corail
- 200 g de tomates concassées
- 20 cl de lait de coco
- 250 ml de bouillon de légumes
- 300 g de crevettes roses
- huile d'olive
- 1 c. à c. de curry
- persil
- coriandre fraîche

RECETTE

1. Ciseler l'oignon. Dans une grande sauteuse, le faire revenir avec 1 c. à s. d'huile d'olive.
2. Quand l'oignon est translucide, ajouter les lentilles corail, les tomates concassées et leur jus, le lait de coco, le curry, le sel et le poivre. Bien mélanger.
3. Verser le bouillon de légumes, mélanger et laisser cuire à feu doux et à couvert pendant 20 minutes.
4. Décortiquer les crevettes. Les faire sauter rapidement au wok ou à la poêle avec 1 c. à s. d'huile d'olive. Saler et poivrer.
5. Mélanger les crevettes aux lentilles. Ciseler le persil et la coriandre. Les ajouter selon votre goût.

Bon à savoir

Riches en fibres et en protéines végétales, les lentilles corail sont plus faciles à digérer que d'autres légumineuses, car dépourvues de peau. Elles apportent le fer nécessaire à une bonne vitalité.

SOUPE DE PETITS POIS PEP'S

Frais et tonifiant

30 min | 2 h | 2

INGRÉDIENTS

La soupe

- 400 g de petits pois frais écossés, soit 1 kg avec les cosses (frais ou congelés, pas de conserve)
- 200 ml de crème de riz
- 1 c. à c. de fécule de pomme de terre (facultatif)
- 1 échalote
- 2 branches de menthe
- sel, poivre

Le dressage

- œufs de saumon ou de truite

RECETTE

La soupe

1. Verser les petits pois dans une casserole avec 60 cl d'eau. Porter à ébullition, puis faire cuire à feu doux 10-15 minutes (ils peuvent rester un peu croquants). Réserver quelques petits pois entiers pour la décoration. La cuisson vapeur est aussi possible (15 minutes environ).
2. Couper l'échalote en rondelle. L'ajouter hors du feu, avec les branches de menthe à infuser.
3. Une fois que la préparation a refroidi, passer le tout au pied à potage ou au mixeur plus ou moins grossièrement selon votre goût. Placer le tout au frais minimum 1 heure (idéalement, la veille pour le lendemain).
4. Sortir du frigo, saler, poivrer.
5. Dans un bol, fouetter la crème de riz avec la fécule de pomme de terre (veiller à ce que tous les ingrédients, ainsi que le bol et le fouet, soient froids avant, ça fonctionnera mieux).

Le dressage

6. Ajouter des œufs de saumon et quelques petits pois entiers au fond des bols. Verser votre soupe de petits pois et répartir la crème par-dessus.

La soupe peut être servie chaude ou froide.

Bon à savoir

La menthe twiste les petits pois et apporte le côté tonifiant. Les œufs de saumon renforcent la fraîcheur à la dégustation et apportent les précieux oméga-3.

ENERGY BOWL

Le plein d'énergie en plat unique

20 min · 2

INGRÉDIENTS

Pour 2 bowls

- 20 radis roses
- 1 concombre
- ¼ de chou rouge
- 2 carottes
- 2 petites tasses de pois chiches secs
- 200 g de quinoa
- 20 tomates cerises
- 20 fèves ou edamames
- sel, poivre

La vinaigrette

- huiles olive et de colza
- jus d'1 citron
- 2 petites poignées de graines de sésame
- coriandre

RECETTE

La préparation

1. Détailler le concombre et les radis en rondelles. Râper les carottes. Citronner, saler et poivrer.
2. Couper le chou en lamelles. Citronner, saler et poivrer.
3. Faire cuire le quinoa dans un grand volume d'eau salée.
4. Faire cuire les pois chiches, les fèves ou les edamames, s'ils ne le sont pas déjà.
5. Couper les tomates cerises en deux.

L'assemblage

6. Assembler la préparation sur une couche de quinoa cuit, en quartiers de couleurs.
7. Préparer la vinaigrette en émulsionnant les huiles avec le jus de citron, ajouter les graines de sésame et la coriandre hachée.
8. Répartir sur les bols.

Bon à savoir

Des crudités à gogo pour profiter de leurs vitamines et minéraux, du quinoa et des légumineuses pour leurs protéines, des aliments de toutes les couleurs pour les antioxydants... Un plat complet à consommer sans modération !

RAGOÛT CHOU-COCO

Cuisson de chou à l'étouffée

20 min · 2

INGRÉDIENTS

- 1 bouquet de blettes
- 1 petit chou-fleur
- 1 poignée de pignons de pin
- 2 gousses d'ail
- 100 ml de lait de coco
- 2 c. à s. d'huile d'olive
- sel, poivre

RECETTE

1. Découper le chou-fleur en demi-sommités, les blettes en tronçons en utilisant la tige et le vert des feuilles, et écraser l'ail.
2. À la vapeur, faire cuire le chou-fleur, les blettes et l'ail en les maintenant croquants.
3. Dans une poêle, faire revenir minute les pignons de pin dans l'huile d'olive.
4. Ajouter les légumes vapeur et le lait de coco. Assaisonner et laisser revenir le tout 3 minutes à couvert.

À servir en plat unique végétarien ou en accompagnement d'un poisson blanc.

Bon à savoir

On sublime la cuisson vapeur avec le goût torréfié des pignons et le lait de coco. On garde au maximum les vitamines et minéraux avec la cuisson courte à l'étouffée.

FALAFOLIE

Falafels et granité mordant

Falafels : 20 min – Granité : 10 min | 5 min | 4

INGRÉDIENTS

Pour 12 falafels

- 150 g de pois chiches cuits
- 10 feuilles de menthe
- 8 feuilles de basilic
- 12 noix de cajou
- 8 tomates séchées
- 1 gousse d'ail
- 1 échalote
- 1 c. à c. de coriandre moulue
- ½ c. à c. de cumin en poudre
- le jus d'½ citron
- 1 c. à s. d'huile d'olive

Pour 4 verrines de granité

Placer les ingrédients au réfrigérateur et les sortir au dernier moment.

- 1 concombre
- 1 petit bouquet de menthe
- 1 oignon nouveau
- 1 filet d'huile d'olive
- 1 grosse pincée de fleur de sel
- poivre noir

RECETTE

Les falafels

1. Dans un blender, mixer tous les éléments jusqu'à obtention d'une mixture malléable.
2. Réaliser des boulettes entre les deux paumes de main.
3. Réserver une heure au frigo.

Le granité

4. Découper grossièrement le concombre et l'oignon.
5. Dans un blender, mixez le concombre bien frais avec la menthe, l'oignon, le sel, le poivre et le filet d'huile d'olive. Rectifiez l'assaisonnement si nécessaire.
6. Verser dans des verrines et réserver au frais si besoin.

Le dressage

7. Poêler les falafels avec un filet d'huile d'olive, en les retournant régulièrement jusqu'à qu'ils soient légèrement dorés.
8. Accompagner d'une salade et du granité au concombre.

N'hésitez pas à congeler le surplus de falafels avant cuisson : ils se décongèlent très bien au frigo pour une cuisson au dernier moment !

Bon à savoir

Voici un apport de protéines végétales et le plein de vitamines et minéraux, avec un effet détox et hydratant avec le granité de concombre.

Hubert
Le Substrat

RISOTTO

Spiruline-gourmand

45 min — 4

INGRÉDIENTS

Le risotto

- 200 g de riz rond à risotto type Arborio ou carnaroli
- 5 cl de vinaigre blanc
- 1 c. à s. de sucre
- 1 c. à s. de spiruline en paillettes
- huile d'olive
- sel, poivre

L'accompagnement

- poulpes cuits marinés ou filets de sardine marinés
- 1 c. à s. de vinaigre de grenade ou de framboise
- 2 c. à s. d'huile de tournesol
- quelques grains de grenade

RECETTE

Le risotto

1. Réhydrater la spiruline en paillettes dans un verre d'eau.
2. Laver le riz à l'eau, rincer et égoutter. Mettre à cuire à feu très doux et a couvert dans une casserole avec 300 ml d'eau, sans mélanger. Le riz est cuit lorsque toute l'eau est absorbée.
3. Dans une casserole, chauffer le sucre et le vinaigre blanc.
4. Débarrasser le riz cuit dans un grand plat, aérer avec une spatule en ajoutant le sucre vinaigré, le sel, le poivre et la spiruline en dernier. Le riz devient vert !
5. Tasser le riz de façon homogène dans le plat avec la spatule, filmer au contact et bien presser avec le fond d'un autre plat plus petit. Laisser refroidir.
6. Une fois refroidie, la préparation peut être découpée en portions, puis poêlée avec un peu d'huile d'olive.

L'accompagnement

7. Préparer la vinaigrette en émulsionnant l'huile de tournesol dans le vinaigre de framboise.
8. Servir une portion de riz poêlé avec la vinaigrette, ajouter quelques grains de grenade et les poulpes ou filets de sardines marinés.

Bon à savoir

La spiruline est un super aliment. Riche en vitamines et minéraux (notamment en fer), elle apporte aussi des protéines.

Cédric
Le Bistrot des Voraces

ARTICHAUT DES VORACES

Détox-Bretagne power

30 min 2

INGRÉDIENTS

L'artichaut

- 2 gros artichauts bretons
- le jus d'1 citron
- 100 g de farine
- 200 g de fromage de chèvre frais
- 2 petites gousses d'ail frais
- quelques fleurs comestibles

La vinaigrette

- 25 ml de miel de châtaigne
- 50 ml de vinaigre balsamique
- 50 ml d'huile d'olive
- 100 ml d'huile d'arachide

RECETTE

L'artichaut

1. Disposer dans une casserole les artichauts crus. Les recouvrir d'eau froide, ajouter le jus de citron et la farine tamisée. Cuire à feu moyen, en vérifiant la cuisson en les piquant à cœur avec un couteau. Réserver au frais.

La vinaigrette

2. Mélanger le miel au vinaigre. Incorporer les deux huiles avec un fouet.

Le dressage

3. Prendre chaque artichaut, l'ouvrir en écartant les pétales sans les désolidariser du cœur et retirer le foin avec une cuillère.
4. Écraser le fromage frais à l'aide d'une fourchette et écraser l'ail. Disposer le fromage et l'ail au cœur de l'artichaut, décorer avec des fleurs comestibles. Servir avec la vinaigrette.

Bon à savoir

Riche en vitamines B et C, l'artichaut apporte aussi des antioxydants. Avec ses nombreuses fibres, il nourrit la flore intestinale.

TABOULÉNERGIE

Cuisine libanaise – alca inisant – supervitaminé

1 h de repos + 20 min — 2

INGRÉDIENTS

- 50 g de boulgour
- 1 tomate
- ¼ de concombre
- ½ oignon rouge
- ½ bouquet de menthe
- ½ bouquet de persil
- ½ bouquet de ciboulette ou de coriandre
- 1 citron
- 2 c. à s. d'huile d'olive

RECETTE

1. Recouvrir le boulgour d'eau froide à hauteur dans un saladier et laisser gonfler 1 heure.
2. Effeuiller les herbes et les hacher avec un couteau citronné pour ne pas les oxyder (pas de hachoir électrique ou robot).
3. Découper la tomate, l'oignon et le concombre en cubes d'un centimètre.
4. Ajouter les herbes et les légumes au boulgour gonflé.
5. Assaisonner avec l'huile d'olive et le jus de citron juste avant de servir. Saler et poivrer.

Bon à savoir

Le mélange d'herbes aromatiques basifie le terrain et apporte tous les vitamines et minéraux. Le jus de citron apporte le shoot de vitamine C. À préparer au dernier moment pour conserver tous les nutriments !

Petit déjeuner

Encas/dessert

Boisson

Petit déjeuner

CRÈME STARTER

Inspirée de la crème Budwig

5 min + 12 h de pause 2

INGRÉDIENTS

- 1 pomme
- 3 dattes ou abricots secs ou figues sèches
- 1 c. à s. de noix de cajou
- 1 c. à s. d'huile de lin
- 1 yaourt de chèvre
- jus d'½ citron
- 1 c. à c. de flocons d'avoine

RECETTE

1. La veille, faire tremper les fruits secs dans un verre d'eau.
2. Le jour même, éplucher la pomme et la râper. Dénoyauter et couper les fruits secs en morceaux puis les mixer avec les noix de cajou.
3. Verser le yaourt dans un bol, ajouter la pomme râpée, le jus d'un demi-citron, l'huile et le mélange mixé. Ajouter les flocons d'avoine.

La préparation se conserve 2 jours.

Bon à savoir

La pomme crue apporte vitamines et minéraux et de la pectine, elle est donc suffisamment rassasiante pour tenir toute la matinée.

Petit déjeuner

P'TIT DÉJ QUI SORT DU LIT

Énergétique et complet

5 min 2

INGRÉDIENTS

- 1 ou 2 tranches de pain semi-complet ou au petit épeautre
- 1 œuf bio frais
- graines germées
- 1 carotte
- huile de colza, de lin, de noix ou de noisette

RECETTE

1. Badigeonner la tranche de pain avec l'huile choisie. Déposer les graines germées sur la tartine.
2. Faire cuire l'œuf à la coque (3 minutes dans de l'eau bouillante).
3. Détailler la carotte en bâtonnets.

Déguster l'œuf avec les bâtonnets de carotte crue et la tartine.

Bon à savoir

Les graines germées sont de véritables bombes nutritionnelles, ce sont des aliments dits biogéniques, elles regorgent de tous les nutriments vitalisants (enzymes, vitamines, minéraux, acides aminés et fibres) nécessaires au développement de la future plante et sont faciles à ajouter à vos salades, soupes, etc.

Encas/dessert

BOULES D'ÉNERGIE

Snack sain et ludique pour petits et grands

10 min | 6 à 8 boules

INGRÉDIENTS

L'enrobage

- 1 c. à s. de cacao amer en poudre

ou

- 1 c. à s. de graines de sésame complet

ou

- 1 c. à s. de noix de coco râpée

City energy balls

- 50 g de flocons d'avoine
- 6 dattes dénoyautées
- 3 c. à s. de lait de coco

Rando energy balls

- 10 noix
- 8 abricots séchés moelleux
- 1 petite c. à s. de miel
- 1 c. à c. de raisins secs
- 3 c. à s. de lait de coco

Kid energy balls

- 50 g de chocolat noir à 70 % minimum
- ½ banane
- 70 g d'amandes
- 3 c. à s. de lait de coco

RECETTE

1. Pour chaque sorte de boules d'énergie, mixer les ingrédients jusqu'à obtenir une pâte pétrissable.
2. Former des boules entre les deux paumes de main.
3. Rouler les boules formées dans le cacao amer, la noix de coco râpée ou des graines de sésame complet.

Les energy balls se conservent 5 jours au frais dans un récipient hermétique.

Bon à savoir

Pause goûter, petit déj ou dessert, l'*energy ball* plaît aux enfants. Elle peut s'emporter partout ! Totalement crue, elle ne perd pas ses vitamines ni ses minéraux.

Encas/dessert

SALADE DE FRUITS JOLIE JOLIE JOLIE

Simple – créatif – coloré

15 min 2

INGRÉDIENTS

- fruits divers de saison
- cannelle
- jus de citron

RECETTE

1. Découper les fruits avec un couteau citronné pour ne pas les oxyder.
2. Les disposer sur une planche, en laissant libre cours à l'imagination pour créer un tableau de fruits.
3. Arroser de jus de citron pour préserver les antioxydants. Saupoudrer de cannelle selon les goûts.

Bon à savoir

Les fruits sont une source inestimable de vitamines et minéraux. Mieux vaut les choisir bio et/ou locaux et varier les couleurs pour ne rater aucune classe d'antioxydants. Les fruits bleus sont riches en anthocyanes, les fruits orange en caroténoïdes et les agrumes en flavonoïdes.

SUPER POWDER

Supermix de bonnes graines !

10 min | 1 petit bocal

INGRÉDIENTS

- 3 c. à s. de graines de chia
- 3 c. à s. de graines de lin
- 2 c. à s. de graines de chanvre décortiquées
- 3 c. à s. de graines de sarrasin décortiquées
- 3 c. à s. de flocons d'avoine ou d'épeautre
- 2 c. à s. de sucre de coco

RECETTE

1. Mixer tous les ingrédients au blender jusqu'à obtenir une poudre homogène.
2. Garder au frigo et protégé de la lumière, consommer dans les 4 prochains jours maximum.

Ce mélange riche en oméga-3 et bons nutriments peut être saupoudré sur les yaourts ou sur les compotes et intégré à vos smoothies et aux biberons de bébés à partir de 1 an.

Les enfants l'adorent !

Bon à savoir

À mettre absolument partout, dans des préparations froides pour ne pas abîmer les oméga-3 (compotes, smoothie, salades, etc.) et bénéficier de ce concentré d'oméga et de protéines végétales.

Boisson

SMOOTHIE ANTI-COUP DE BARRE

Concentré atomique

5 min | 1

INGRÉDIENTS

- ½ avocat
- 3 dattes dénoyautées
- ½ banane
- 1 poignée d'épinards frais
- 1 c. à c. de germes de blé
- ½ c. à c. de spiruline en poudre
- 200 ml de lait végétal (coco, amande, riz)
- 1 c. à c. d'huile de lin

RECETTE

- Mixer le tout et boire sans attendre.

Bon à savoir

Le germe de blé apporte toutes les vitamines du groupe B, indispensables pour lutter contre la fatigue, en plus des vitamines C, D, E, K et de la provitamine A !

Boisson

TISANE ANTIFATIGUE

Mélange de plantes

5-7 min | 1

INGRÉDIENTS

Plantes à privilégier pour leurs effets stimulants et toniques

- sarriette
- cannelle
- romarin
- cynorhodon
- gingembre

RECETTE

1. Mettre une cuillère à café de plantes séchées (2 g) par tasse, verser de l'eau frémissante (85-95 °C) sur le mélange et laisser infuser 5 à 7 minutes.
2. Boire à plusieurs moments de la journée (au moins 3 tasses par jour), au moins 1 h 30 après les repas, chaude ou à température ambiante, fraîche l'été avec du citron.

Privilégier des plantes bio, feuilles et baies entières plutôt que les brisures, pour conserver toutes leurs vertus. Vous pouvez choisir un minimum de 3 plantes.

Mathilde
Fruta
Madre

Boisson

ÉLIXIR DE VITALITÉ

Revigorant – détox

10 min 75 cl

INGRÉDIENTS

- 6 pommes Granny Smith avec peau et pépins
- ½ ou ¼ de botte de persil
- ½ citron bio avec la peau

RECETTE

1. À la centrifugeuse ou à l'extracteur de jus, extraire le jus des pommes, du citron et du persil.
2. Servir frais et boire par petites gorgées.

Bon à savoir

Mathilde Petri de *Fruta Madre* a mis tout son savoir-faire pour vous concocter un jus délicieux et actif ! Le plein de vitamines, d'antioxydants et de tonifiants dans un verre !

REMERCIEMENTS

Merci à ma grand-mère d'avoir éveillé ma curiosité culinaire et de m'avoir soignée enfant avec ses bons petits plats.

Merci à mes parents de m'avoir légué ce goût pour la transmission et le partage d'informations, et pour leurs relectures bienveillantes de mes textes.

Merci à ma petite sœur Anne-Sophie qui m'a toujours soutenue et dit que la roue tournait, même si elle tournait lentement. Merci à Nils de m'avoir écrit : « En attendant les jours meilleurs qui finissent toujours par revenir. » Et merci à leurs compagnons de vie, Sarah-Lucie et Jibb.

Merci à mes neveux et nièces, qui me donnent de l'énergie et m'insufflent leur sens de la liberté.

Merci à mes proches de m'avoir portée dans cette direction et de me permettre de me réaliser ailleurs que derrière mon comptoir de pharmacie : Caroline, Céline, Olivia, Lynda, Marion, Sophie, Alexandra, Rémi, Emmanuelle, Roland, Jean-Sébastien, Frédéric, Guillaume, Martial, Armelle.

Merci à mon équipe à la pharmacie qui m'a soutenue et remplacée lors de mes escapades shooting : Magali, Alexandra, Christelle, Laura, Klaus, Marie et Pierre-Emmanuel.

Merci à mes patients de la pharmacie qui m'ont toujours suivie dans mes conseils et aidée à rendre ce projet réel.

Merci aux médecins et professionnels de santé qui m'ont suivie pendant mon souci de santé et aidée à être là pour réaliser ce projet : Marie-Laurence, Vincent, Xavier, Jean-Christophe, Béatrice, Catherine et Marina.

Merci à tous les restaurateurs qui ont participé spontanément, avec créativité et implication.

Merci à tous les contributeurs d'Ulule qui ont rendu ce livre possible.

Merci à Stéphanie de m'avoir soutenue et encouragée dès le départ, amicalement et professionnellement.

Merci à Audrey d'être montée à bord avec enthousiasme et engagement.

Merci à Solène d'avoir mis en lumière nos idées avec délicatesse.

Je vous en suis infiniment reconnaissante !

Estel

Merci à Estel de m'avoir embarquée dans cette belle aventure inédite, un bouquin encore jamais fait !

Merci à mes proches de me suivre dans toutes mes aventures.

Merci à mon conjoint Xavier, testeur inquiet mais parfois convaincu.

Merci à mes filles, qui ont éveillé en moi une quête insatiable de leur apporter le meilleur et bien plus encore, et qui me poussent à me dépasser en créations culinaires saines et gourmandes pouvant rivaliser avec les croque-monsieur et frites-ketchup de leur père.

Merci à mes amis, goûteurs assidus, oreilles attentives et bienveillantes !

Merci à la vie de mettre autant d'opportunités et d'expériences sur mon chemin, ce qui m'enrichit et me pousse à me questionner, et surtout à rester en alerte, en mouvement, en apprentissage permanent. Que ça dure le plus longtemps possible !

Audrey

À l'heure où nous bouclions ce livre, les chefs restaurateurs qui ont participé aux recettes traversaient une tempête sans précédent avec la crise sanitaire du COVID-19. Leurs établissements étaient fermés ou réduits à proposer de la vente à emporter. Le cœur d'une ville, sans ses restaurants, ne bat plus vraiment ; Lyon était bien triste sans ces artisans du goût et sans ces lieux d'échange, de conversations animées et de découvertes culinaires.

Les restaurateurs se sont battus et se battent encore au quotidien pour réinventer leur métier et conserver leur outil de travail pendant cette période inédite. Il est donc encore plus important pour nous de les remercier et de mettre en valeur leur art. Ils ont redoublé de créativité pour nous inventer des recettes saines et gourmandes.

La collaboration a été géniale, enrichissante et pleine de partage d'expériences.

Merci à vous,

- Hubert Vergouin du restaurant *Le Substrat* ;
- Franck Blanc du restaurant *Le Canut et les Gones* ;
- Maëlle Polidori de *Traboule Kitchen* ;
- Eddy Bourdin de *Suzette Pancakerie* ;
- Gabriel Masson du *Bistrot Orcia* ;
- Cédric Bin du restaurant *Le Bistrot des Voraces* ;
- Sandra Drigeard et Nicolas Anseaume de *Mr Edgar* ;
- Frédéric Gaston de *Capucine et Gaston* ;
- Mathilde Petri de *Fruta Madre* ;
- Marek Piotrowski et Thomas Barbera de *Copper Roots*.

L'équipe de *Cuisiner pour se soigner*

NOTES

NOTES

Dépôt légal : novembre 2021.

Achevé d'imprimer en janvier 2022 par Typo'Libris.

Imprimé en Union européenne